LE BRO CODE

BARNEY STINSON
et MATT KUHN

Traduit de l'anglais (États-Unis)
par Anne Bararuzunza

FLORENT MASSOT

ISBN : 978-2-916-54654-4

À moi,

le meilleur Bro que je connaisse

INTRODUCTION

Que l'on en soit conscient ou non, nos vies sont toutes gouvernées par un code de conduite que nous intériorisons. Certains l'appellent la morale, d'autres la religion. Moi, je l'appelle « Le Bro Code ».

Pendant des siècles, les hommes ont tenté de suivre ce code bien qu'il n'y ait aucune référence universelle sur la véritable signification d'un tel règlement :

Peut-on serrer un Bro dans ses bras ?* Si je suis invité au mariage d'un Bro, suis-je vraiment obligé d'apporter un cadeau ?** Puis-je coucher avec la sœur ou la mère d'un Bro, ou même avec les deux ?***

Aujourd'hui et pour la première fois, j'ai mis par écrit les règles du décorum social que tous les Bros ont suivies depuis l'aube de l'humanité… si ce n'est avant. Jusqu'ici, le Bro Code n'existait que par le biais d'une tradition orale (eh ouais !), j'ai

* Jamais.

** Bien sûr que non.

*** T'as craqué, vieux.

donc parcouru la planète pour rassembler et retranscrire les fragments épars du Bro Code, ne marquant de pauses que pour le mettre moi-même en application (double eh ouais !). Je n'ai pas la prétention d'écrire un « Guide pour être un bon Bro », mais si jamais les hommes le considèrent comme tel et transmettent ce compendium de savoir de génération en génération, j'en aurais certainement les larmes aux yeux. Mais je n'en verserai aucune. Ce serait une violation de l'Article 41 : Un Bro ne pleure jamais.

Je souhaite qu'avec une meilleure compréhension du Bro Code, tous les Bros du monde puissent mettre leurs différences de côté et consolider ainsi les liens de fraternité. C'est seulement à ce moment qu'il nous sera possible de travailler main dans la main afin d'accomplir le défi sans doute le plus important auquel la société doit faire face : S'ENVOYER EN L'AIR. Mais avant de juger cette quête grossière et ignoble, prenez en considération ce postulat : sans le défi sportif inhérent à la tentative de se taper des meufs, les hommes auraient-ils de plein gré des relations sexuelles dans le seul but de donner la vie à des bébés qui non seulement puent mais braillent constamment ?*

Dans plusieurs siècles, quand un Bro appliquera les rudiments du Bro Code pour se taper une meuf du futur à trois seins, la seule récompense que je serai en droit d'attendre sera de savoir que je l'ai aidé, de quelque manière que ce soit, à devenir Un Vrai Bro... Cependant, s'il pouvait trouver un moyen de me ramener à la vie, ça serait assez énorme.

—Barney Stinson

* Bien sûr que non.

QU'EST-CE QU'UN BRO* ?

Vous avez certainement entendu le mot « Bro » utilisé avec excès au bar du coin ou à la gym. Vous avez peut-être déjà entendu ce mot imprudemment employé car confondu avec les mots « mec » ou « gars » dans une publicité virile pour un soda. Il est possible que vous ayez vous-même involontairement lancé un « Bro » en demandant l'heure à un étranger. Mais il est nécessaire d'établir une distinction importante : ce n'est pas parce qu'un mec est un gars qu'un gars est un Bro.

Q : *Qu'est-ce qu'un Bro ?*

R : Un Bro est une personne qui vous donnerait sa chemise lorsqu'il ne veut plus la porter. Un Bro est une personne qui se mettrait en quatre pour vous aider à mettre quelqu'un d'autre à quatre pattes. Bref, un Bro est un compagnon pour la vie en qui vous pouvez avoir une confiance absolue : il sera toujours là pour vous, à moins qu'il n'ait autre chose à faire.

* Pour les meufs qui ne parlent pas bien anglais : « Bro » est la contraction de « Brother » (NDT).

Q : *Votre Bro, c'est qui ?*

R : Votre facteur est un Bro, votre père a autrefois été un Bro et le garçon qui tond la pelouse représente le Bro de demain, mais attention, ça n'en fait pas votre Bro pour autant. Si quelqu'un a fidèlement respecté une ou plusieurs des règles du Bro Code, alors vous pouvez le considérer comme un Bro. Avertissement : faites preuve de prudence si vous ramenez une meuf canon à la maison – votre propre frère n'est peut-être pas tant que ça un Bro.

Q : *Est-ce que seuls les mecs sont des Bros ?*

R : Pas besoin d'être un mec pour être le Bro de quelqu'un, à condition de respecter les valeurs morales contenues dans ce règlement sacré. Quand une femme arrange un rendez-vous à un mec avec sa plantureuse copine, elle agit comme un Bro. Et si elle lui arrange des rendez-vous avec d'autres de ses amies, également canon, même après qu'il a couché avec la première sans jamais l'avoir rappelée par la suite, alors elle est officiellement son Bro.

BROCABULAIRE

Comme vous feuilletez le Bro Code, il est possible que vous rencontriez des mots et des termes que vous n'avez jamais lus auparavant. Certains sont en caractère gras et situés dans le glossaire à la page 193. Vous pourrez ainsi vous familiariser avec le **Bronaculaire**.

Même si les Bros sont toujours encouragés à répandre la parole du Bro Code, ils doivent cependant être mis en garde contre un emploi abusif du mot « Bro ». Une telle **Brolifération** compromet l'importante mission de ce livre et, presque aussi important, vous donne l'air stupide.

EMPLOI APPROPRIÉ DE « BRO »	EMPLOI INAPPROPRIÉ DE « BRO »
Nabroléon	*Broanne d'Arc*
Barack Brobama	*Brobara Streisand*
Bro Jackson	*Bro J. Simpson*
Teddy Broosevelt	*Conbroleezza Rice*
Broce Springsteen	*Broko Ono*

ORIGINE

Bien que l'histoire du Bro Code soit loin d'être aussi simple et élégante que celle où Dieu transmet une tablette en pierre à Broïse, ses origines remontent à l'aube de l'humanité.

Au départ, il n'y avait pas de Bro Code... ce qui était vraiment regrettable pour les premiers Bros du monde – Caïn et Abel. Comme il n'avait pas connaissance de cet ensemble de principes sociaux qu'est le Bro Code, Caïn tua Abel et commit ainsi le premier **Broïcide** de l'histoire. Son châtiment fut d'arpenter seul la surface de la terre. Pourquoi ? Parce que sans copilote, il n'avait absolument aucune chance de rencontrer des meufs.

Des siècles plus tard, deux Bros, l'un de Sparte et l'autre de Troie, s'engueulèrent à cause d'une meuf qui s'appelait Hélène. Je sais, « Hélène », c'est pas très sexy, mais on disait qu'elle avait un « visage qui lança mille navires », vous pouvez donc aisément imaginer à quoi ressemblaient ses seins. Les deux Bros menèrent une guerre terrible pour cette meuf – une guerre qui aurait pu être évitée si nos deux Bros avaient eu connaissance du code le plus fondamental : les Bros avant les pouffes. Troie s'est bien battue, mais la flotte grecque était très puissante. Bientôt un groupe de marins grecs brisèrent les défenses des Troyens et Hélène connut tout un tas de marins pendant les dix-huit années qui suivirent.

Des centaines d'années plus tard, à Philadelphie – choix très judicieux : la ville de l'amour Broternel – un humble mandataire connu sous le nom de Barnabé Stinson griffonna sur un parchemin ce qui est aujourd'hui considéré comme la première tentative de mettre à l'écrit le Bro Code. Les Bros ont depuis amendé et enrichi ce règlement, mais l'élégante prose de Stinson est demeurée au cours des ans l'illustre préambule du Bro Code.

Bien que le document original soit conservé à l'abri dans une chambre blindée, hermétique et tenue secrète deux étages sous le niveau de la mer, j'ai pu y avoir accès assez longtemps pour reproduire cette copie.

Le 4 juillet 1776

Le Bro Code

Lorsque dans le cours des événements humains, *il devient nécessaire pour des* Bros *de résoudre une querelle, le respect dû à l'opinion de la* Bromanité *oblige à déclarer les causes qui les déterminent à se quereller, bien que la prudence suggère qu'il s'agisse probablement d'une meuf.* Nous *tenons pour évidentes en elles-mêmes les vérités suivantes : tous les* Bros *sont créés égaux – bien que n'ayant pas nécessairement la même beauté ou sens du style.* Ils *sont doués de certains droits inaliénables ; parmi ces droits se trouvent la vie, la liberté et la quête d'un beau cul.* Pour *garantir ces droits, nous introduisons le* Bro Code. Les Bros *ont le droit de le changer ou de l'abolir et d'établir un nouveau code, mais soyons réalistes, ça représente beaucoup de travail.*

Il *est ici résolu que, dorénavant, lorsque deux gentilshommes désirent la compagnie de la même gente dame, le* Bro *qui le premier revendique le droit de propriété sur ladite gente dame en aura la jouissance exclusive le temps nécessaire pour tenter son coup de manière raisonnable, ou le temps que nécessite l'écoulement d'une moitié de sablier, selon ce qui arrive en premier.* À *aucun moment un* Bro *n'est autorisé à violer ce droit et à contrarier les tentatives de son* Bro, *quand bien même il aurait consommé d'abondantes quantités de bière...*

LE BRO CODE

ARTICLE 1

Les Bros avant les pouffes.

Les liens entre deux hommes sont plus forts que les liens entre un homme et une femme parce qu'en général, les hommes sont plus forts que les femmes. C'est purement scientifique.

LE SAVIEZ-VOUS...

L'article 1 remonte à la genèse de la Genèse. Non, pas la triade pop formée par Peter Gabriel et Phil Collins*, mais le livre de la Bible. La découverte des manuscrits de la mer Morte a permis d'exhumer un passage autrefois perdu qui nous informe sur la première violation du Bro Code.

LIVRE DE BARNABÉ 1-1

Et le moindre des besoins était satisfait dans le Jardin. Fruit, eau, compagnie. Mais un jour, Adam tomba sur une meuf, Ève, et désira sa feuille de vigne. Alors, Adam alla derrière un arbre pour faire connaissance avec Ève, laissant complètement tomber son Bro, Phil, qui avait des tickets pour aller voir les Knicks. Au premier rang. Enfin, bref, l'humanité devint consciente d'elle-même, le paradis fut perdu à jamais et bon, on sait tous ce qui arriva aux Knicks.

* *Genesis* (NDT).

ARTICLE 2

Un Bro a toujours le droit de faire quelque chose de stupide, tant que tous ses Bros le font également.

NOTE : Si Butch Cassidy s'était rué seul dehors pour attaquer les hommes qui encerclaient sa cabane, les gens auraient tous fait genre : « T'as craqué, vieux ! » Et si un Espagnol avait décidé de descendre la rue en courant devant un troupeau de taureaux enragés, les gens auraient aussi fait genre : « T'as craqué, vieux ! » Et si Tommy Lee avait mis de l'eye-liner au début de Mötley Crüe, les gens auraient tous fait genre : « Vous avez craqué, Madame ! » S'autoriser à être stupide est l'une des premières raisons pour laquelle il faut avoir des Bros.

ARTICLE 3

Si un Bro prend un chien, il faut au moins que ce dernier lui arrive aux genoux une fois qu'il aura atteint sa taille adulte.

COROLLAIRE : Donner le nom d'un catcheur professionnel ou d'un personnage joué par Steve McQueen à un toutou ne peut en aucun cas absoudre un Bro de l'esprit de cet article.

ARTICLE 4

Un Bro ne divulgue jamais à une femme l'existence du Bro Code. Ce document est sacré et ne peut être, pour une raison quelconque, partagé avec des meufs… Non, même pas pour cette raison.

NOTE : Si vous êtes une femme et que vous lisez ceci, tout d'abord laissez-moi m'excuser : il n'a jamais été dans mon intention d'y inclure autant de math.

Ensuite, je vous conseille vivement de prendre ce document pour ce qu'il est, c'est-à-dire une œuvre de fiction destinée à divertir un large public par le prisme des différences stéréotypées entre les deux sexes. Disons que, parfois, c'est vraiment comme si on venait de deux planètes différentes. Mais aucune personne raisonnable ne peut réellement croire ni adhérer à des règles aussi vulgaires.* Au fait, ces bottes sont adorables.

* Psst hé, les mecs ! Je mets ça en bas en tout petits caractères puisqu'on sait tous que les hommes ont une bien meilleure vue que les femmes. Ignorez ce qui est écrit plus haut – le Bro Code n'est pas du tout une œuvre de fiction. Je mentais juste pour que cet article en particulier soit respecté.

ARTICLE 5

Peu importe si le sport l'intéresse ou non, un Bro s'intéresse au sport.

ARTICLE 6

Un Bro ne doit pas tourner autour du pot s'il doit se mettre à poil devant d'autres Bros dans les vestiaires d'une salle de gym.

COROLLAIRE : Si un Bro se met à poil dans les vestiaires, tous les autres Bros doivent faire comme si tout était normal, tout en détournant immédiatement les yeux. En cas de doute, rappelez-vous ce vieil adage : « Quand une serviette tombe à terre, vos yeux font de même. »

ARTICLE 7

Un Bro ne doit jamais avouer qu'il ne sait pas manier un levier de vitesse. Même après un accident.

ARTICLE 8

Un Bro n'envoie jamais de carte de vœux à un autre Bro.

Tous les sentiments entre Bros peuvent être exprimés grâce au moyen convenable et décent sur le plan émotionnel d'un message électronique. Les quelques e-mails suivants servent pour toute **Broccasion**. Ils vous permettront de faire passer le message sans vous demander trop d'efforts ni de dépenses particulières pour trouver et envoyer une véritable carte de vœux.

E-MAILS POUR TOUTE BROCCASION

SYMPATHIE

À :	Bro
De :	Bro
Sujet :	Vieux

Désolé, Bro.

FÉLICITATIONS

À :	Bro
De :	Bro
Sujet :	Bro !

Joli, Bro !

BON RÉTABLISSEMENT

À :	Bro
De :	Bro
Sujet :	Bro…

Courage, Bro.

JOYEUX ANNIVERSAIRE

À :	Bro
De :	Bro
Sujet :	Vieux

C'est ma tournée, Bro !

JE PENSE À TOI

À :	Indisponible
De :	Indisponible
Sujet :	Indisponible

Indisponible

ARTICLE 9

S'il arrivait qu'un Bro perde une partie de son corps à cause d'un accident ou d'une quelconque maladie, en aucun cas ses Bros ne feront de blagues douteuses du genre : « Tape-m'en trois ! », ou encore : « Waouh, pour quitter un job pareil, fallait avoir une sacrée paire de couilles ! » On garde donc : « Tape-m'en cinq », et ce Bro a toujours une sacrée paire de couilles… Métaphoriquement parlant, bien sûr.

ARTICLE 10

Si un jour un Bro veut larguer une meuf, son Bro devra lâcher tout ce qu'il est en train de faire et se précipiter pour l'aider.

C'est tout à fait normal qu'un Bro soit troublé et désorienté en larguant une meuf. Pour une raison ou pour une autre, il a peur qu'elle soit bouleversée ou même violente après qu'il lui a calmement expliqué son désir de se taper ses amies. C'est à ce moment-là qu'un Bro a le plus besoin de son Bro pour lui rappeler qu'il y a plein de meufs dans l'océan et qu'une rupture ne doit être ni dangereuse, ni stressante, ni même chronophage.

CONSEIL DE BRO : COMMENT LARGUER UNE MEUF EN SIX MOTS OU MOINS

« Tu devrais plutôt prendre une salade. »

« Trop mignon ! Tu te fais aussi pousser la moustache ! »

« C'est toi en plus jeune. »

« Je te paierai une chirurgie mammaire. »

« Désolé, j'ai jeté tes chaussures. »

« Ça, ta sœur m'a laissé le faire. »

ARTICLE 11

Un Bro peut demander à son/ses Bro(s) de l'aider à déménager, mais seulement après lui/leur avoir donné une estimation honnête du temps requis et du nombre de gros meubles. Si un Bro a considérablement sous-estimé l'un ou l'autre, ses Bros conservent le droit de laisser ses affaires là où elles sont – dans la plupart des cas, coincées dans l'ouverture de la porte.

ARTICLE 12

Des Bros ne partagent pas de dessert.

ARTICLE 13

Tous les Bros doivent donner le surnom « copilote » à l'un de leurs Bros.

QUI VA AVEC QUI ?

LES COPILOTES CÉLÈBRES

Michael Jordan ❑	❑ Scooby-Doo
Snoopy ❑	❑ Dick Cheney
Yan Solo ❑	❑ Ailes de poulet frit
George W. Bush ❑	❑ Woodstock
Stanley Marsh ❑	❑ Chewbacca
Sammy ❑	❑ Scottie Pippen*
Bière ❑	❑ Kyle Broflovski

* Ancien joueur de basket-ball américain (NDT).

ARTICLE 14

Si une meuf pose des questions sur la vie sexuelle passée d'un autre Bro, un Bro doit respecter la ***Bromerta*** *et faire l'innocent. Mieux vaut faire croire aux femmes que tous les hommes sont stupides plutôt que de dire la vérité.*

ARTICLE 15

Un Bro ne danse jamais les mains au-dessus de sa tête.

ARTICLE 16

Un Bro devrait à tout moment être capable de nommer les champions en titre de la Coupe du monde de la FIFA, du grand Chelem de tennis et de la Playmate de l'Année.

ARTICLE 17

Un Bro se doit d'être gentil et courtois avec ses collègues, à moins qu'ils ne soient en dessous de lui dans la Pyramide de l'Engueulade.

L'Amérique a été construite sur le dos d'hommes et de femmes qui se faisaient engueuler pour bosser plus dur, et la tradition de l'engueulade s'est perpétuée de génération en génération. Mais vous ne pouvez pas engueuler n'importe qui… Vous ne pouvez engueuler que ceux qui sont en dessous de vous. Pour illustrer ce fonctionnement, voici la Pyramide de l'Engueulade d'une équipe professionnelle de football :

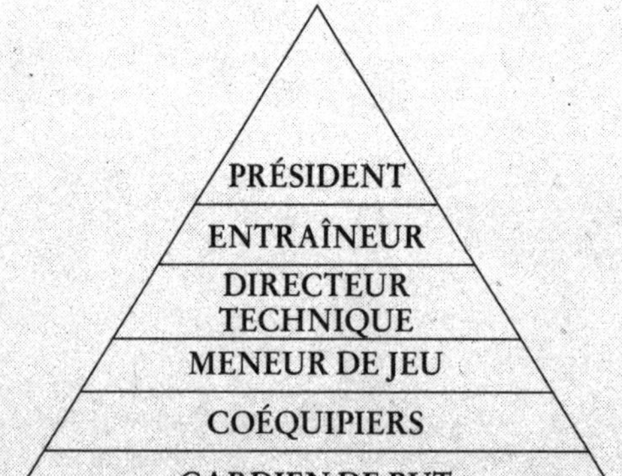

Ce n'est pas très différent dans un bureau, comme illustré ci-après par ma propre Pyramide de l'Engueulade en entreprise :

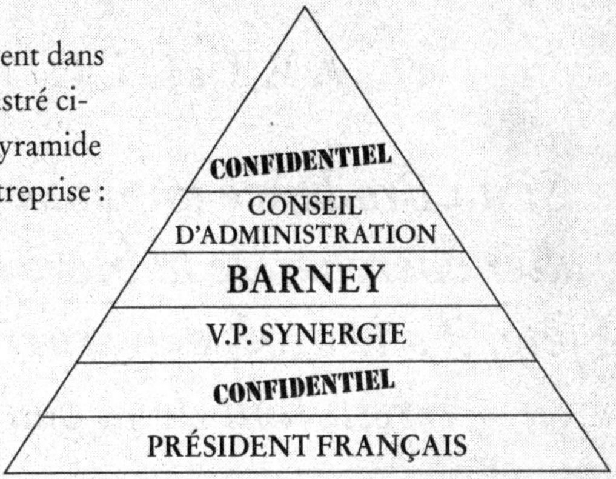

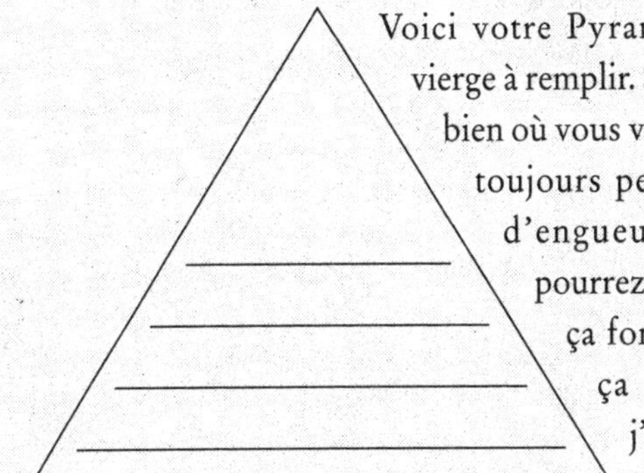

Voici votre Pyramide de l'Engueulade vierge à remplir. Si vous ne savez pas très bien où vous vous situez, vous pouvez toujours persuader un **Brollègue** d'engueuler quelqu'un, vous pourrez ainsi voir comment tout ça fonctionne. C'est comme ça que j'ai compris que j'étais au-dessus du vice-président Synergie.

NOTE IMPORTANTE : Si vous vous retrouvez tout en bas, ne vous inquiétez pas. Toute la beauté de la pyramide réside dans le fait que vous pouvez toujours ajouter une strate à la fondation. L'équipe de maintenance, le mec de la sécurité qui somnole, ou n'importe qui ne maîtrisant pas bien la langue, peut briguer cette place à ses débuts.

ARTICLE 18

Si un Bro lance un mouvement pour aller chercher de la bière pendant une fête, il a le droit de garder la monnaie résultant de la collecte.

NOTE : Pour éviter toute confrontation, il vaut mieux que le Bro jette le ticket de caisse avant de revenir à la fête.

ARTICLE 19

Un Bro ne couchera pas avec la sœur d'un autre Bro. Cependant, un Bro ne doit pas se fâcher si un autre Bro lui dit : « Vieux, ta sœur est trop sexy ! »

COROLLAIRE : Il vaut mieux pour tout le monde que les Bros cachent les photos de leurs sœurs quand d'autres Bros doivent passer.

CHECK-LIST POUR UNE MAISON BROMOLOGUÉE

- ❑ Cacher toutes les photos des sœurs, mères et cousines germaines canon.
- ❑ Exposer toutes les télécommandes sur la table basse, sans tenir compte de leur fonctionnalité.
- ❑ Ouvrir des bouteilles d'alcool et enlever la poussière sur le bar pour donner l'impression qu'il est souvent utilisé.
- ❑ Débrancher le répondeur, ou…
- ❑ Appeler Maman une heure avant que les Bros n'arrivent.
- ❑ Par politesse, enlever les magazines pornos de la chambre et les mettre dans la salle de bains.
- ❑ Parcourir la liste de lecture de l'enregistreur vidéo numérique et effacer les programmes de télé embarrassants comme les talk-shows de la journée.
- ❑ Dessous de verre, dessous de verre, dessous de verre !
- ❑ Se déconnecter de son compte e-mail.
- ❑ Ouvrir toutes les fenêtres.
- ❑ Conduire la petite amie/le plan cul hors des lieux.

ARTICLE 20

Un Bro respecte ses Bros qui sont à l'armée parce qu'ils ont choisi de défendre la nation par altruisme mais, surtout, parce qu'ils peuvent lui botter le cul comme bon leur semble.

ARTICLE 21

Un Bro ne fait jamais de remarques à un autre Bro sur sa copine super bandante. Même si ce dernier Bro essaie de l'exciter en disant : « Elle est super bandante, hein ? », un Bro doit rester silencieux parce que, dans cette situation précise, son Bro est le seul à devoir s'exciter.

ARTICLE 22

Aucune loi n'interdit à une femme d'être un Bro.

Les femmes font d'excellents Bros. Pourquoi ? Parce qu'elles peuvent servir de traductrice et de guide en ce qui concerne les lubies déroutantes et contradictoires qui constituent le Code des Meufs.

EST-CE QUE LES MEUFS ONT VRAIMENT LEUR PROPRE CODE ?

Oui, j'en ai bien peur. Un matin, juste avant de sortir discrètement par la porte pendant que mon hôtesse était sous la douche, je tombai sur un exemplaire du fameux volume. Passé la couverture d'un rose éblouissant, j'eus à peine le temps de feuilleter ses pages pleines de froufrous, mais voici les quelques phrases dont je me souviens :

- Une meuf ne doit pas coucher avec l'ex d'une autre meuf, à moins qu'elle ne l'ait déjà fait.
- Une meuf ne paie jamais pour quoi que ce soit. Jamais.
- Si deux meufs s'engueulent, elles se diront plein de saloperies et feront semblant de s'ignorer, plutôt que de se déshabiller pour finir ça au corps à corps.

- Quand une meuf entend une chanson sur le meuf power du genre « I Will Survive », elle doit arrêter ce qu'elle est en train de faire, attraper la main d'une autre meuf et hurler les paroles à pleins poumons.

- Une meuf peut avoir un chien comme animal domestique mais seulement s'il entre dans sa boîte aux lettres.

- Si deux meufs portent la même tenue, chacune garde le droit de renverser accidentellement une boisson sur l'autre.

- Une meuf ne fera pas marcher un véhicule motorisé avec prudence.

- Les meufs ont carte blanche pour se changer en salopes à Halloween.

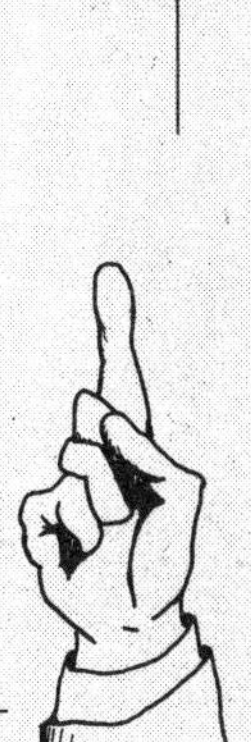

ARTICLE 23

Lorsqu'il parcourt les chaînes de télé avec ses Bros, un Bro ne doit pas zapper un programme montrant des seins. Cela inclut, sans pourtant être limité à celles-ci, les émissions d'aérobic, le sport féminin et, parfois, les émissions sur la chirurgie.

ARTICLE 24

Quand il porte une casquette de base-ball, un Bro doit positionner la visière soit à midi soit à six heures. Tous les autres angles sont réservés aux rappeurs et aux handicapés.

ARTICLE 25

Un Bro ne laisse jamais un autre Bro se faire tatouer, en particulier quand il s'agit du prénom d'une fille.

La durée moyenne d'une relation entre un homme et une femme est de quatre-vingt-trois jours. La relation entre un homme et sa peau dure toute une vie et doit être entretenue, parce que comme chacun sait, la peau est le plus grand organe qu'un homme possède et le deuxième en ordre d'importance.

MANUEL PRATIQUE DES TATOUAGES

<table>
<tr><th>TATOUAGE</th><th>TRADUCTION</th></tr>
<tr><td>
</td><td>« Hé, les gens, matez ça ! Non seulement j'ai fait l'erreur stupide de choisir la monogamie à vie, mais je signale aussi à toutes les meufs que je ne suis pas disponible. »</td></tr>
</table>

TATOUAGE	TRADUCTION
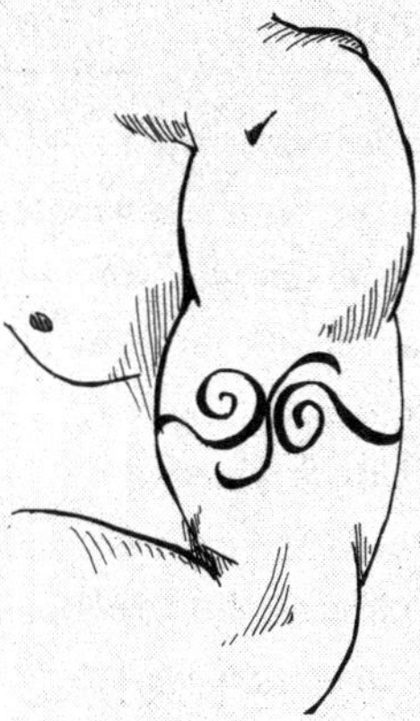	*« Hé, les gens, matez ça ! Ce motif ressemble à une cicatrice que j'ai eue après que mon village m'a banni et envoyé dans l'arrière-pays pendant sept jours sans nourriture ni eau… »*
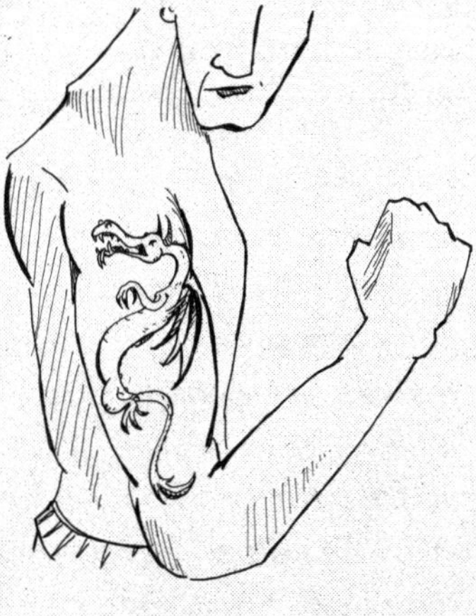	*« Hé, les gens, matez ça ! J'ai un dragon qui fout les jetons sur le bras. Ça vous fait peur ? Bien, parce que j'espère que ce bébé va éloigner les cambrioleurs de la cave de ma mère. »*

LE MANUEL PRATIQUE DES TATOUAGES (suite)

TATOUAGE	TRADUCTION
	*« Hé, les gens, matez ça ! Je suis gouverné par une philosophie orientale, comme l'indiquent ou pas ces caractères cantonnais et/ou mandarins gravés dans ma chair. Si je parlais ou lisais ce langage spécifique, je pourrais peut-être expliquer plus clairement mon point de vue, mais je suppose que vous serez obligés de vous en remettre aux explications de l'artiste flippant qui a réalisé ce tatouage. J'en suis moi-même passé par là. »*
	*« Hé, les gens, matez ça ! Il y a un message important écrit sur mes doigts. Il doit se composer de dix lettres ou moins et vous pouvez le lire seulement quand je fais du jet-ski ou quand je me fais arrêter, mais ça reste un message important qui représente complètement mon credo. »*

ARTICLE 26

À moins qu'il n'ait des enfants,
un Bro ne portera pas son portable
sur la boucle de sa ceinture.

ARTICLE 27

Un Bro n'enlève jamais sa chemise devant d'autres Bros, sauf près d'une piscine d'hôtel ou à la plage.

COROLLAIRE : Un Bro avec une toison sur le dos est prié de garder sa chemise sur lui en toutes circonstances, même près d'une piscine d'hôtel ou à la plage. Désolé, Bro.

ARTICLE 28

Un Bro devra avertir son Bro dans les meilleurs délais de l'existence d'un combat de filles.

Un Bro se doit, dans les meilleurs délais, de communiquer la possibilité d'une altercation entre deux humains de l'espèce féminine (désormais, « combat de filles »), en s'efforçant de rendre possible et effective l'observation de ladite altercation par un ou plusieurs autres Bros. « Dans les meilleurs délais » est ouvert à la libre interprétation du premier Bro, fondée sur la diffusion et le traitement du conflit féminin éventuel. Le Bro susdit doit utiliser toutes les méthodes, sans exception, de réseaux de distribution média qu'il a à sa disposition. Cela inclut, sans y être limité : les télécommunications, les petits coups de coude, les pigeons voyageurs, la fibre optique, les cris, les cartes postales et la télépathie. Si, une fois informé, un Bro est incapable d'assister au combat de filles en première ligne, le Bro observateur est chargé de documenter et de raconter en détail le combat de filles via des photos, une vidéo, ou, dans le pire des cas, via une danse interprétative et/ou une pantomime.

ARTICLE 29

Si deux Bros décident de voir un film ensemble, la séance ne doit pas commencer après 16 heures 40. Par ailleurs, malgré l'économie que cela implique, ils ne partageront aucun sachet de pop-corn ; chacun achètera un sachet individuel.

ARTICLE 30

Un Bro ne compare pas sa marchandise avec celle d'un autre Bro.

ARTICLE 31

Quand il part en chasse, un Bro drague d'abord la meuf la plus sexy parce que, on ne sait jamais.

LE DERNIER CLASSEMENT DES MEUFS SEXY

Meufs à moitié asiatiques	↑2	Multiethnique ? Multiethnickel !
Filles libanaises	↓1	Filles liba*baises*
Filles de politiciens	↓1	Les problèmes de Papa ≠ les problèmes avec papa
Femmes muettes	↔	Une chose est sûre : elles sont adroites de leurs mains.
Meufs des clips des années 1980	↑112	Rampant sur le capot d'une Corvette dans le top 10

Meufs vraiment grandes	↑4	Peuvent atteindre le ventilateur de plafond… depuis le lit.
Sirènes	↔	Mouillées. Mystérieuses. Merveilleuses.
Meufs élevées dans une secte	↑883	Facteur garanti de folie
Meufs dans l'armée	↓4	Séances d'assouplissement obligatoires
Meufs avec des rollers	↓4	Trop rapides, trop déchaînées

ARTICLE 32

Un Bro n'autorise pas un autre Bro à se marier avant qu'il n'ait atteint l'âge de trente ans.

ARTICLE 33

Lorsqu'il est dans des toilettes publiques, un Bro (1) regarde droit devant lui en utilisant l'urinoir ; (2) fait obligatoirement ce commentaire : « C'est quoi ici, les toilettes des meufs ? » s'il y a plus de deux mecs qui attendent pour pisser ; et (3) essaie de lancer le papier qu'il vient d'utiliser pour s'essuyer les mains dans la poubelle comme un ballon de basket… le rebond est facultatif.

ARTICLE 34

Des Bros évitent tout contact visuel lors d'un Trio d'enfer impliquant deux hommes.

ARTICLE 35

Un Bro ne loue jamais un film de meufs.

ARTICLE 36 (bonnet D)

Lorsqu'il est interrogé sur la question en compagnie de femmes, un Bro condamne toujours les faux seins.

Dans une conversation avec une femme, la question des faux seins peut se poser, mais peut-être pas de la façon qui vous plairait. Il n'est pas rare qu'une femme use habilement de questions pièges afin de sonder ce que pense vraiment un Bro de l'augmentation de la taille des seins.* Et ne soyez pas dupes en pensant que votre discours préparé à l'avance sur la beauté naturelle de la silhouette humaine peut vous tirer d'affaire.

COMMENT FAIRE FACE À LA QUESTION DES FAUX SEINS

Meuf :	Ah ! c'est sûr qu'elle a de faux seins.
Bro :	C'est clair. L'artificiel, c'est tout sauf sexy.
Meuf :	Alors comme ça, t'as maté ses seins, hein ?

* Plus gros = beaucoup mieux

Meuf :	Ah ! c'est sûr qu'elle a de faux seins.
Bro :	Qui ?
Meuf :	Tu sais très bien de qui je parle.
Bro :	Ah, oui, c'est sûr que ce sont des faux.
Meuf :	Alors comme ça, t'as maté ses seins, hein ?

✗

Meuf :	Ah ! c'est sûr qu'elle a de faux seins.
Bro :	Ah bon ?
Meuf :	Ouais, bah, pourquoi tu n'irais pas la demander en mariage, alors ?

✗

Meuf :	Ah ! c'est sûr qu'elle a de faux seins.
Bro :	J'aurais jamais deviné.
Meuf :	Eh bien, moi je te le dis.

✓

ARTICLE 37

Un Bro n'est pas tenu dans l'obligation d'ouvrir la porte à quelqu'un. Si les femmes insistent pour avoir leur propre ligue de basket-ball professionnel, il n'y a pas de raison qu'elles ne puissent pas ouvrir les portes elles-mêmes. Honnêtement, les portes ne sont pas si lourdes.

ARTICLE 38

Même dans une lutte à mort, un Bro ne donne pas de coup de poing à un autre Bro dans les bijoux de famille.

ARTICLE 39

Quand un Bro obtient le numéro d'une meuf, il attend au moins quatre-vingt-seize heures avant de l'appeler.

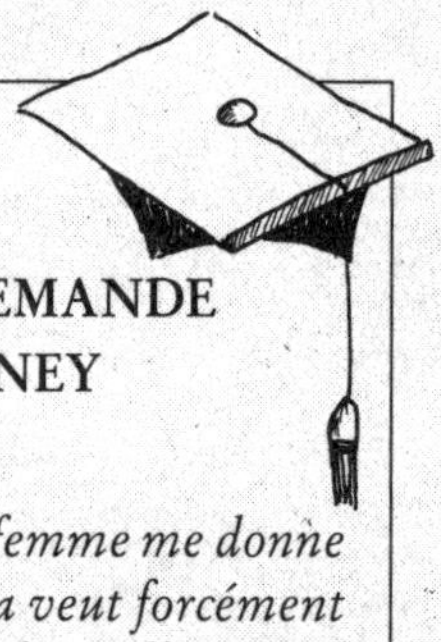

CONSEIL DE BRO : DEMANDE À L'ONCLE BARNEY

Q : *Je ne comprends pas, si une femme me donne son numéro de téléphone, ça veut forcément dire qu'elle a envie que je l'appelle, non ? Pourquoi il faut que j'attende si longtemps ?*

R : **Broflation :** accroissement excessif des attentes d'une nana envers le comportement des Bros. Si vous appelez une femme le jour suivant, elle racontera à ses amies que vous l'avez appelée le jour suivant et, bien assez tôt, les femmes du monde entier s'attendront à ce que les mecs les appellent le jour suivant. Avant que vous ne vous en rendiez compte, tous les Bros à travers le monde se retrouveront coincés dans des relations sérieuses, et tout ça parce que vous ne pouviez pas attendre quatre-vingt-seize petites heures.

Q : *O.K., j'ai attendu quatre-vingt-seize heures. Quel est le meilleur moment de la journée pour appeler ?*

R : Appelez en plein milieu de la journée. Vous aurez plus de chances de tomber sur son répondeur, ce qui, en fin de compte, signifie moins de conversation. Et avec un peu de chance, vous pourrez organiser quelque chose sans même avoir à lui parler. Note : ne jamais appeler après 21 h – les appels tard le soir sont du domaine du plan cul, et seulement du plan cul. Voir Article 92 pour plus de détails.

Q : *J'ai toujours entendu que tu attendais trois jours. Pourquoi le Bro Code en stipule quatre ?*

R : Si vous avez entendu qu'un Bro devait attendre trois jours avant d'appeler, vous pouvez être sûr que les femmes aussi. En attendant un jour de plus, la fille aura donc l'impression d'être spéciale.

ARTICLE 40

Si un Bro était soudain victime de fiançailles, ses Bros organiseraient une intervention et tenteraient de le guérir, intervention plus connue sous le nom d'« enterrement de vie de garçon ».

ARTICLE 41

Un Bro ne pleure jamais.

EXCEPTIONS : En regardant *Jusqu'au bout du rêve, E.T.*, ou une légende du sport qui prend sa retraite.*

* S'applique uniquement à la première fois qu'elle prend sa retraite.

ARTICLE 42

Dès qu'il salue un autre Bro, un Bro peut se livrer à un « tape-m'en-cinq », à un check ou à une accolade de Bros, mais jamais à une accolade complète.

EXÉCUTION D'UNE ACCOLADE DE BROS

Étape 1 :
Emboîtement des mains.

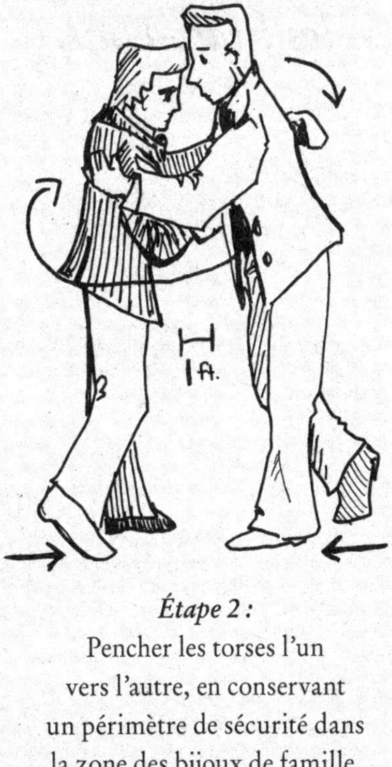

Étape 2 :
Pencher les torses l'un
vers l'autre, en conservant
un périmètre de sécurité dans
la zone des bijoux de famille.

Étape 3 :
Petite tape dans le dos.

ARTICLE 43

Un Bro aime son pays à moins que ce pays ne soit pas les États-Unis.

ARTICLE 44

Un Bro ne met jamais de crème solaire à un autre Bro.

EXCEPTION : Si des Bros sont à une latitude de l'Équateur égale à sept degrés.

ARTICLE 45

Un Bro ne porte jamais de jeans dans un club de strip-tease.

POURQUOI UN BRO NE PORTE JAMAIS DE JEANS DANS UN CLUB DE STRIP-TEASE

1. Les poches en tissu sont plus grandes et plus élastiques, ce qui permet d'y glisser une liasse de biftons plus épaisse.
2. Le denim fait tache avec la déco léopard, zèbre ou autres animaux de safari d'un club.
3. Un mot, deux syllabes, trois heures aux urgences : braguette.
4. C'est une performance et, en cela, elle mérite le respect. Ces danseuses érotiques ont répété sans relâche une chorégraphie artistique techniquement exigeante. Vous porteriez un bleu de travail pour assister à un ballet ?*
5. Ça ne vous compresse pas autant le kazoo.

* Question piège. Des Bros n'assistent jamais à un ballet.

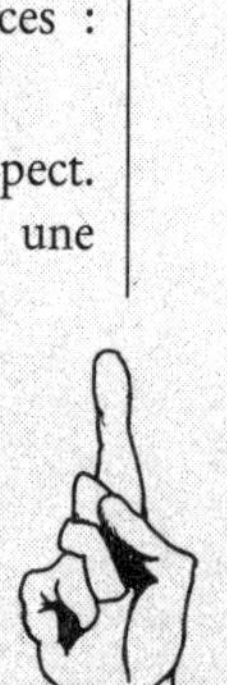

ARTICLE 46

Si, dans un avion, un Bro est assis à côté d'un mec qui est coincé dans le siège du milieu, il doit lui laisser l'accoudoir qui se trouve entre eux, à moins que le mec (a) n'ait enlevé ses chaussures, (b) ne ronfle, (c) n'oblige le Bro à se lever plus d'une fois pour aller aux toilettes, ou (d) n'ait acheté un casque après qu'ils ont annoncé que le film projeté pendant le vol était 27 Robes. **Voir Article 35.**

ARTICLE 47

Un Bro ne porte jamais de rose.
Même pas en Europe.

ARTICLE 48

Un Bro ne révèle jamais en public le nombre de meufs qu'il s'est tapées.

COROLLAIRE : Un Bro ne révèle pas non plus le nombre de meufs qu'un *autre* Bro s'est tapées.

Quand une meuf rencontre un Bro, il y a trois choses qu'elle veut savoir :

1. Combien d'argent il gagne par mois.
2. Est-ce qu'il est plus petit qu'elle.
3. Combien de meufs il s'est tapées.

Elle aura très vite la réponse aux deux premières questions, mais un Bro ne répond jamais à la troisième question. Si, malgré tout, un Bro se sent obligé de répondre (c'est-à-dire, la meuf refuse de passer à l'action tant que le Bro n'aura pas divulgué le nombre total de meufs), il peut calculer un nombre acceptable en utilisant la formule suivante :

COMBIEN DE MEUFS EST-IL PLUS SÛR DE S'ÊTRE TAPÉES POUR UN BRO ?

$$n = (a/10 + s)^0 + 5$$

n = nombre de meufs
a = âge du Bro
s = facteur salope de la meuf qui lui demande le décompte
(1 = nonne, 10 = ancienne nonne)

ARTICLE 49

Si on lui demande : « Vous avez besoin d'aide ? », un Bro doit automatiquement répondre : « C'est bon, je maîtrise », qu'il maîtrise ou pas.

EXCEPTIONS : En portant une télé qui coûte cher, en faisant un créneau avec une voiture qui coûte cher, en mettant une télé qui coûte cher dans une voiture qui coûte cher.

ARTICLE 50

Si, en marchant, la main d'un Bro effleure malencontreusement l'arrière-train d'un autre Bro, ils conviendront en silence de poursuivre leur chemin comme si de rien n'était.

ARTICLE 51

Un Bro se renseigne sur le rencard d'un autre Bro et fait part ensuite de ses conclusions à ce dernier.

Si vous n'arrivez pas à persuader un Bro d'aller en éclaireur jeter un coup d'œil à la meuf avec qui vous avez un rencard, il y a au moins un moyen de connaître la légèreté de ses mœurs, faites-lui choisir le lieu du rencard.

TRADUCTIONS DU LIEU DU RENCARD

ELLE SUGGÈRE...	PROMISCUITÉ	ELLE SERA...
Boîte	10	Légèrement vêtue, en sueur, et impossible de l'entendre avec la musique. A+
Prendre un verre dans un bar	7	Sympa, ou instable sur le plan émotionnel… dans les deux cas, prometteur.
Restaurant chic	3	Ennuyeuse. Si elle s'attend à ce que quelqu'un « lui poivre sa salade » et « lui replie sa serviette », il va sans dire qu'elle ne sera pas très funky dans la chambre.
Rencontre avec les parents	1	Intouchable. Mais peut-être que sa mère le sera beaucoup moins.
Golf miniature	5	A l'esprit de compétition, ou est lesbienne… et pas du genre lesbienne sexy.
Église	0 ou 10	Cherche à se marier, ou à pêcher un max avant d'aller à confesse. À pile ou face.

ARTICLE 52

Il n'est pas demandé à un Bro de se souvenir de l'anniversaire d'un autre Bro, bien qu'un coup de fil de temps en temps ne le tuerait certainement pas.

ARTICLE 53

Même en période de famine,
un Bro remet toujours le couvert.

ARTICLE 54

Il est demandé à un Bro de sortir avec ses Bros le jour de la Saint-Patrick et à d'autres jours fériés du calendrier officiel des Bros, y compris Halloween, le nouvel an, et le Jour du Désespoir (13 février).

COIN BROÉSIE

Une demoiselle qui venait du New Jersey
Promit à un jeune homme du nom de Harvey
Qu'elle lui appartenait,
Mais quel mensonge éhonté,
Hier soir ne criait-elle pas : « Oh Barney ! »

J'étais amoureux d'une meuf qui s'appelait Camille
Elle me montra des photos de sa famille
Le chat était plutôt mignon
Mais sa mère ressemblait à un dindon
Ce soir-là, je l'ai larguée dans le taxi.

ARTICLE 55

Même pour une urgence qui demande un garrot, un Bro n'emprunte jamais ni ne prête des vêtements à un autre Bro.

ARTICLE 56

Il est demandé à un Bro d'avertir un autre Bro si, lors d'une fête, le ***Ratio Bro/Meuf*** *tombe en dessous de 1 pour 1. Cependant, afin d'éviter une* ***Broflation****, un Bro n'a le droit de prévenir qu'un seul de ses Bros. Par ailleurs, un Bro ne doit pas spéculer sur le ratio Bro/Meuf escompté d'une fête ou d'un lieu sans avoir d'abord révélé le ratio observé.*

RATIO BRO/MEUF vs PROBABILITÉ DE CONCLURE

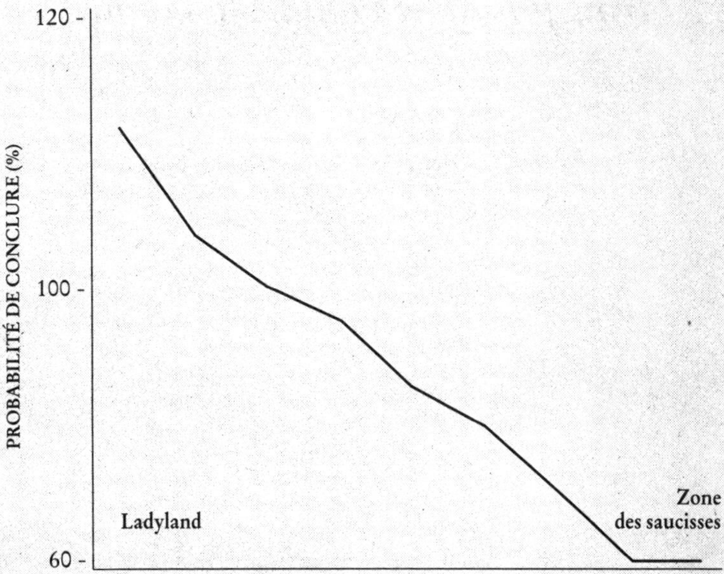

ARTICLE 57

Un Bro ne révèle jamais à un autre Bro le résultat d'un événement sportif à moins que ce Bro n'ait confirmé trois fois qu'il voulait le savoir.

ARTICLE 58

Un Bro ne se laisse pas pousser la moustache.

EXCEPTION : Pas de problèmes si, en se rasant, un Bro garde ses poils de moustache jusqu'à la fin pour essayer différentes configurations de pilosité faciale.

EXCEPTION : Tom Selleck.

ARTICLE 59

Un Bro se porte toujours caution pour un autre Bro, à moins que ce ne soit dans un autre pays ou, genre, incroyablement cher.

QUAND LA CAUTION EST-ELLE INCROYABLEMENT CHÈRE ?

Caution Incroyablement Chère >
(Nombre d’années que vous êtes Bros) x 100 $

ARTICLE 60

Un Bro honorera son père et sa mère, car tous deux furent un jour un Bro et une meuf. Cependant, un Bro ne pense jamais à eux en ces termes.

ARTICLE 61

Si un Bro, pour une raison quelconque, se rend compte que c'est l'anniversaire d'un autre Bro et de sa meuf, il fera tout son possible pour mettre cette information à disposition de son Bro, même s'il pense que son Bro le sait déjà.

Les meufs semblent croire que les événements annuels autres que mardi gras, la sélection de la Ligue nationale de football et le jour où l'édition des maillots de bains paraît, méritent eux aussi d'être fêtés. Je ne sais pas non plus pourquoi, mais je sais très bien que si vous commencez à fréquenter une femme pour plus que des galipettes occasionnelles dans le foin (ce qui est expressément déconseillé), vous aurez besoin de pouvoir vous rappeler de certains jours de l'année avec une relative précision.

DATES QUE LES MEUFS TROUVENT IMPORTANTES

OCCASION	DATE	ELLE VOUS LE RAPPELLE
Son anniversaire	___/___/___	Trois semaines avant, en montrant du doigt des bijoux
Anniversaire du premier rencard	___/___/___	Avec le sourire, le jour même
Anniversaire de mariage	___/___/___	En colère, le jour suivant
Les anniversaires des enfants	___/___/___	Devant le juge, pendant votre divorce
La première saison de *Grey's Anatomy*	___/___/___	En plein milieu d'un match crucial

ARTICLE 62

Si deux Bros ont la même proie dans le collimateur, le Bro qui revendique le premier le droit de priorité, a la priorité. Si les deux revendiquent le droit de priorité en même temps, le Bro qui compte le plus vite à voix haute jusqu'à dix a la priorité. Si les deux arrivent à dix en même temps, le Bro qui a payé la dernière tournée a la priorité. S'ils n'ont pas encore acheté de boissons, le plus grand des deux Bros a la priorité. S'ils sont de la même taille, le Bro qui a la période d'abstinence la plus longue a la priorité. Si la période d'abstinence est d'une durée équivalente, un jeu de ***Brochifoumi**** *discrètement exécuté devra déterminer la priorité, à condition que la meuf soit toujours là.*

* Pierre, feuille, ciseaux pour Bros.

ARTICLE 63

Un Bro fera tout ce qui est en son pouvoir pour faire en sorte que ses Bros se protègent.

La **Brotection** constitue un pilier central – ou, plus exactement, un revêtement en latex pour le pilier central – du mode de vie du Bro. Bien qu'un Bro ne soit pas légalement ni fiscalement responsable d'éventuelles répercussions quand il échoue à sa mission de fournir une protection, il n'est pas rare qu'un Bro soit sujet à des accès de culpabilité après qu'un camarade Bro s'est retrouvé contaminé par une maladie, dont beaucoup durent toute une vie, comme quand un Bro contracte des enfants.

Dans l'éventualité où un Bro se retrouve à manquer de l'attirail prophylactique nécessaire pour accomplir l'acte du coït de façon sûre et efficace, il est en droit d'attendre qu'un autre Bro emploie tous les moyens pour fournir le prophylactique susmentionné à temps et ce de façon discrète. Lorsqu'un Bro signale son besoin d'utiliser des mots de code convenus auparavant, et/ou une signalisation corporelle, il est entendu que son Bro cessera toute activité actuelle (à l'exception de l'acte du coït lui-même – pour lequel le Bro fait la promesse de finir aussi rapidement que possible), afin de répondre à une panoplie d'alternatives à l'adresse du Bro dans le besoin. Le Bro doit utiliser la méthode de transport disponible la plus rapide pour venir en aide à son Bro. En aucun cas, une bicyclette* ne peut être utilisée étant donné que c'est non seulement humiliant mais également potentiellement nocif pour le périnée – une zone de tissus dangereusement proche des organes génitaux. Dans l'éventualité où une loi étatique, fédérale, internationale ou galactique serait enfreinte en raison d'une imprudence, d'un degré de vitesse inacceptable et/ou d'un détournement d'engin(s) volant(s), il est entendu que le premier Bro se chargera de régler tous les frais et amendes judiciaires consécutifs. Cependant, tous frais et dommages encourus par l'utilisation de transports publics seront uniquement de la responsabilité du second Bro car il en va de l'autorité du **Quid Pro Bro**. Dès qu'il arrive à l'adresse où se trouve le premier Bro, le second Bro doit faire preuve d'une entière discrétion pour ne pas perturber le « move » du premier Bro ou le **Brojo**. Une fois que le premier Bro a été fourni en prophylactique(s) nécessaire(s), la **Brocédure** est considérée comme achevée dès l'échange du traditionnel – bien que dans ce cas, silencieux – tape-m'en-cinq. Tacite dans ce rituel silencieux est l'entente selon laquelle ledit épisode ne sera plus jamais mentionné, à moins qu'il ne fasse partie d'une histoire trop marrante.

* À moins que la bicyclette ne soit la seule possibilité de transport disponible, comme en Asie du Sud-Est, ou dans l'Arkansas, ou un endroit dans le genre.

ARTICLE 64

Un Bro doit fournir à son Bro un ticket pour un événement si ledit événement implique que l'équipe sportive préférée de ce dernier Bro joue un match crucial.

ARTICLE 65

Un Bro doit toujours rendre la pareille et payer sa tournée entre Bros.

EXCEPTION : Un Bro est tiré d'affaire si son Bro commande une boisson dont le verre contient un parapluie.

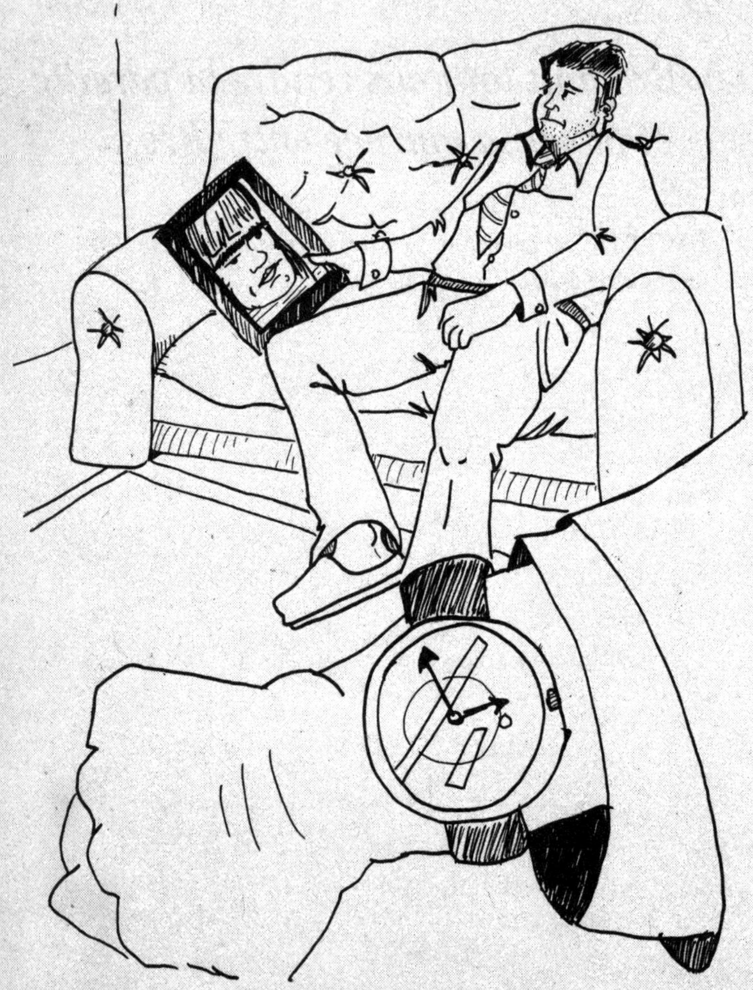

ARTICLE 66

Si un Bro est malheureux parce qu'il vient de rompre définitivement avec sa compagne, ses Bros ne lui proposeront pas autre chose qu'un : « Ça craint, mec », ainsi que d'abondantes quantités de bière. Pour éviter d'éventuels futurs moments difficiles, ses Bros s'abstiendront également de tout commentaire péjoratif – mérité ou non – au sujet de ladite compagne pendant une période de trois mois, si la **fenêtre de la récidive** *est définitivement fermée.*

ARTICLE 67

Si, lors d'une fête, un Bro attrapait une guitare et commençait à jouer, un autre Bro lui ferait remarquer qu'il craint.

ARTICLE 68

Si un Bro a de la veine au jeu, un autre Bro fera tout ce qui est en son pouvoir pour assurer la longévité de ladite veine, même si cela inclut de mettre en péril ses propres records personnels et son assiduité au travail ou, si nécessaire, de susciter une peur réaliste concernant la fin imminente du monde.

EXCEPTION : La période de vache maigre d'un Bro passe avant la veine d'un autre Bro.

ARTICLE 69

Sans blague !

ARTICLE 70

Un Bro conduira un autre Bro à l'aéroport ou passera le prendre, mais jamais les deux pour le même voyage. Il n'est pas censé être à l'heure, aider pour les bagages, ni s'informer sur le voyage de son Bro ou sur son bien-être général.

ARTICLE 71

Par courtoisie envers les Bros du monde entier, un Bro n'amène jamais plus de deux autres Bros à une fête.

TROIS BROS, C'EST COOL

Trois Amigos
Trois Mousquetaires
The Police
Les astronautes d'Apollo 13
Les trois Stooges
(*Exception* : les frères Hanson)

QUATRE BROS, C'EST NUL

Le mont Rushmore
Les Quatre Fantastiques (version long métrage)
The Monkees
L'équipe olympique de bobsleigh
Les coéquipiers de Michael Jordan
(*Exception* : Les Beatles)

COIN BROÉSIE

Un Bro fait une attaque en solo.
Un soutien est apporté par un deuxième Bro.
Un troisième Bro complète le tableau,
Mais un quatrième Bro, c'est celui de trop.

ARTICLE 72

Un Bro ne corrige jamais l'orthographe.

ARTICLE 73

Quand un groupe de Bros est au restaurant, chacun s'engagera dans le rituel hypocrite qui consiste à vouloir payer l'addition, sans tenir compte du fait que les prix soient abordables ou non. Quand le groupe décide finalement de partager l'addition, chaque Bro devra manifester un profond mécontentement plutôt qu'un énorme soulagement.

ARTICLE 74

À un feu rouge, un Bro se rapproche le plus près possible du pare-chocs arrière de la voiture qui le précède, puis klaxonne dès que le feu passe au vert. De cette façon, si un autre Bro se trouve plus haut dans la file, il aura plus de chances de passer lui aussi l'intersection avant que le feu ne repasse au rouge.

ARTICLE 75

Un Bro met systématiquement en valeur les caractéristiques professionnelles d'un autre Bro quand il le présente à une meuf.

Les meufs aiment mentir sur leur âge, sur leur promiscuité sexuelle et même sur la forme de leur corps, parfois au moyen d'un maquillage excessif et d'une lingerie fine. À ce titre, il est légitime que les Bros en rajoutent quand ils sont interrogés sur leur **Brofession**. C'est également judicieux ; la carrière d'un Bro est à une meuf ce que les seins sont à un Bro.

COMMENT INVENTER UN TRAVAIL QUE LES MEUFS TROUVERONT SEXY

LES CENTRES D'INTÉRÊT UNIVERSELS DES MEUFS	VOTRE TRAVAIL
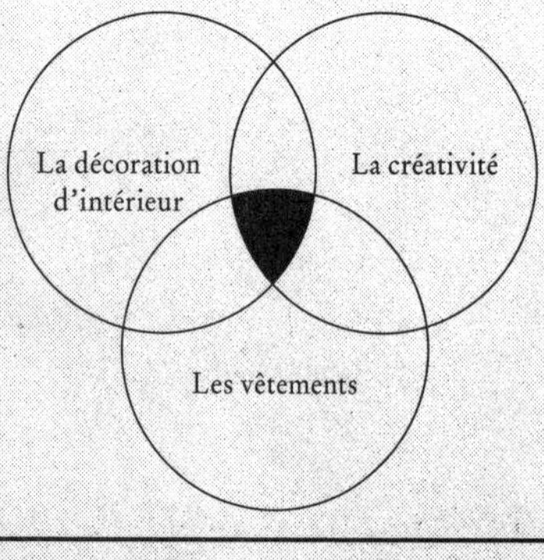	« J'ai inventé le dressing. »

LES CENTRES D'INTÉRÊT UNIVERSELS DES MEUFS	VOTRE TRAVAIL
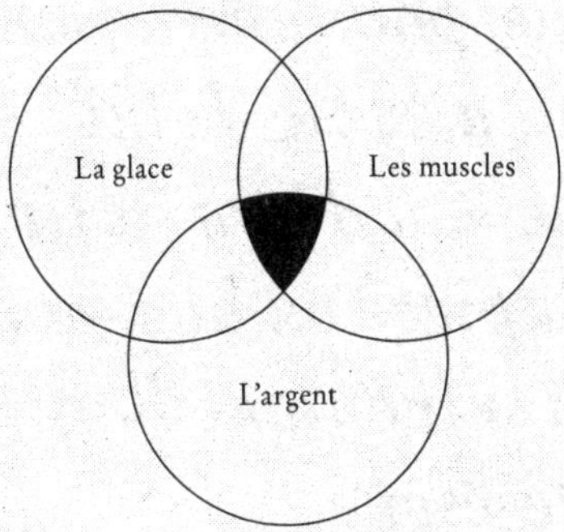	« Je suis le magnat musclé d'un empire de la crème glacée. »
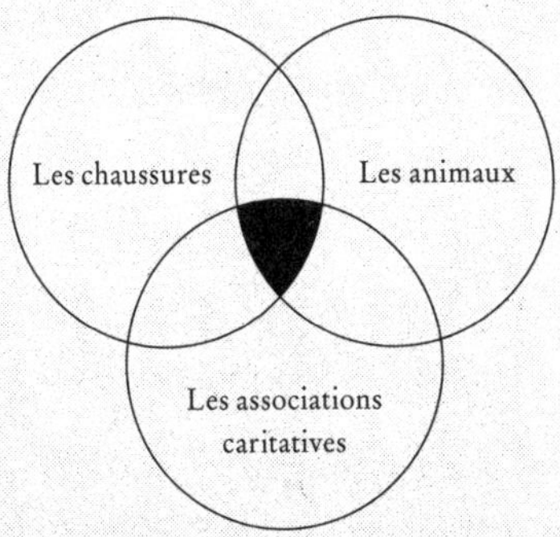	« Je conçois des chaussures pour les chats diabétiques. »

ARTICLE 76

Si un Bro est au téléphone avec une meuf alors qu'il est en compagnie de ses Bros et que, pour une raison quelconque, il a envie de lui dire : « Je t'aime », il devra sortir discrètement de la pièce ou bien avoir recours à un ton subsonique Barry White-esque.

ARTICLE 77

Des Bros ne s'enlacent pas.

~~**EXCEPTION** : Pour garder une certaine chaleur corporelle dans une situation critique.~~

ARTICLE 78

Un Bro ne doublera jamais son copilote.*

Afin de commémorer et consolider les liens sacrés qui unissent un Bro et son copilote, il est recommandé, avant une sortie, que chacun des deux Bros se tourne vers l'autre, mette sa main gauche sur le Bro Code, lève sa main droite et récite le Serment du Copilote.

* Voler la meuf de votre copilote. Ça ne se fait pas.

LE SERMENT DU COPILOTE

J'observerai le Bro Code du mieux que je pourrai.

Je n'autoriserai jamais mon copilote à rentrer à la maison avec une meuf en dessous de 6/10.

J'accepte d'échanger les tournées avec mon copilote, même si je continue à me coltiner les shots.

Je ne doublerai jamais mon copilote, aussi sexy que soit la meuf.

Je jure de ne jamais oublier mon copilote si je suis invité à une fête.

Si mon copilote rencontre une meuf canon qui est accompagnée par une amie très moche, c'est moi qui **sauterai sur la grenade.**

Si mon copilote se fait jeter par une meuf, je suis clairement d'accord avec le fait que de toute façon elle était insignifiante, même si je trouvais qu'elle avait l'air plutôt cool et intéressante.

Si mon copilote engage la conversation avec une meuf dont l'âge légal est discutable, j'essaierai de découvrir et de vérifier sa date de naissance.

Si je découvre la preuve que la meuf de mon copilote a déjà un copain, je ferai en sorte de mettre cette information à sa disposition, à moins que ce ne soit assez clair que le copain/mari n'est pas là.

J'honorerai et respecterai le système de la propriété.

ARTICLE 79

Lors d'un mariage, les Bros se traîneront dehors pour le lancer de jarretière et, par courtoisie, feront semblant de s'intéresser aux meufs présentes. Quel que soit le Bro qui se tape la jarretière, il fera preuve de légèreté, comme s'il n'était pas du tout horrifié à l'idée d'être le prochain à y passer. Il pourra ensuite se précipiter au bar pour un remontant et/ou des shots.*

COROLLAIRE : Si la cavalière d'un Bro attrape le bouquet, il fera semblant d'être fou de joie (s'il espère à nouveau coucher avec elle) avant de se précipiter au bar pour rejoindre le Bro à la jarretière, pour un remontant et/ou des shots.

* Seulement les open bars.

ARTICLE 80

Un Bro fera tout son possible pour aider un autre Bro à faire du Tricycle, enfin… tout sauf s'il doit lui-même compléter le tricycle.*

RÈGLES POUR FAIRE DU TRICYCLE

1. L'âge total des trois participants n'excédera pas quatre-vingt-trois ans.
2. Le poids total des trois participants fera moins de 181,44 kg/400 pounds.
3. Aucun argent ou autres rétributions ne pourront être échangés contre services rendus.
4. Les femmes enceintes consulteront leur médecin avant de faire du tricycle.
5. Aucune roue du tricycle ne peut provenir de trois branches sur le même arbre généalogique.
6. Pas de baskets à semelles noires.
7. Les participantes femmes maintiendront l'illusion que cela est nouveau pour elles.
8. Les appareils électroménagers pour la cuisine et autres appareils électriques sont strictement interdits.
9. Les participants doivent se doucher avant de faire du tricycle et certainement après.

* Se livrer à un plan à trois.

ARTICLE 81

Un Bro laisse la lunette des toilettes relevée pour ses Bros.

ARTICLE 82

Si deux Bros s'engueulent avec véhémence et que l'un tient des propos qui dépassent les bornes, l'autre n'attendra pas qu'il « retire ce qu'il a dit » ou « s'excuse » pour faire amende honorable. C'est inhumain.

ARTICLE 83

Un Bro respectera à tout prix la Règle de Platine : ne jamais, jamais, jamais, jamais « aimer » son prochain. En particulier, un Bro ne s'enlisera pas dans une liaison romantique avec une collègue.

EXCEPTIONS :

- La collègue est un 8/10 ou mieux.
- Vous êtes le supérieur de la collègue.
- La collègue s'est sapée comme une salope.
- Se faire virer du boulot n'est pas une si mauvaise chose.
- La société a récemment été poursuivie pour harcèlement sexuel : il y a peu de chance que ça se reproduise.

- Quelqu'un a parié que vous n'étiez pas cap.
- Vous allez bientôt changer d'étage.
- Votre collègue et vous restez coincés dans l'ascenseur.
- Vous appuyez sur le bouton d'arrêt d'urgence et restez « coincés » dans l'ascenseur avec votre collègue.
- Votre collègue se fait virer ou le sera bientôt, après que vous avez saboté ses dossiers.
- Vous avez eu une liaison avec votre collègue avant que vous ne deveniez collègues.
- Votre collègue vous drague.
- Vous stagnez un peu sur le plan amoureux.
- Votre collègue est en plein divorce.
- Votre collègue est plutôt jolie ces derniers temps.
- Votre collègue n'a pas été choquée quand vous avez « accidentellement » envoyé par e-mail des photos provocantes de vous au bureau.

ARTICLE 84

Un Bro arrêtera ce qu'il est en train de faire pour regarder Die Hard *si ce film passe à la télé.*

COROLLAIRE : *Les Évadés* (avec Morgan Freeman).

COROLLAIRE : *Top Gun, The Big Lebowski* et la première moitié de *Full Metal Jacket.*

COROLLAIRE : Et du porno. Bah ouais.

ARTICLE 85

Si un Bro achète une nouvelle voiture, il est tenu d'ouvrir le capot quand il frimera devant ses Bros.

COROLLAIRE : Ses Bros sont tenus de siffler, même s'ils ne savent pas exactement ce qu'ils sifflent.

ARTICLE 86

Quand un Bro rencontre une meuf, il essaiera de découvrir où elle se situe sur l'Échelle Sexy/Cinglée avant de la draguer.

La théorie de l'évolution prétend que les hommes descendent du singe... Mais qu'en est-il des femmes ? Alors que les hommes sont devenus moins velus, plus droits, et de moins en moins intéressés par le lancer de caca, les femmes quant à elles sont devenues plus séduisantes mais, quelque part, plus cinglées.

Les meufs d'aujourd'hui aiment bien se tenir à cheval sur la ligne qui sépare les caractéristiques sexy et cinglée : plus elles sont sexy et plus elles sont cinglées ; plus elles sont cinglées et plus elles paraissent sexy. Tout cela est déroutant pour un Bro et, très souvent, dangereux. Comment un Bro peut-il savoir si une meuf est sexy et cinglée du genre : « Esquivons-nous dans la salle de bains », ou sexy et cinglée du genre : « Allons sniffer de la peinture et traquer tes ex. »

Mais heureusement, j'ai conçu un test qui permet aux Bros de déterminer rapidement où la meuf se situe sur l'Échelle Sexy/Cinglée. Dans les colonnes suivantes, répondez par oui ou par non à chaque question, additionnez vos réponses « oui », et reportez ensuite les coordonnées sur l'Échelle Sexy/Cinglée.

Idéalement, votre meuf se situe sur la ligne ; si elle est quelque part au-dessus, fuyez.

SEXY vs CINGLÉE

SEXY	OUI	NON
Aime chanter à voix haute sur des chansons du groupe Poison		
Peut nommer un joueur de chaque équipe de la Ligue nationale		
A manifestement des problèmes avec papa		
Joue avec ses cheveux		
Pleine d'un magnétisme animal sauvage		
Serre votre jambe en parlant		
Ressemble à une Barbie		
Vous embrasse tendrement pour vous souhaiter bonne nuit		
Cligne des yeux vers vous de manière enjôleuse		
Total SEXY		

CINGLÉE	OUI	NON
Aime chanter à voix haute des chansons sur le poison		
A passé du temps avec un joueur de chaque équipe de la Ligue nationale		
A manifestement des problèmes avec papa		
Rase ses cheveux		
Appartement plein d'animaux sauvages		
Serre votre visage en parlant		
Joue avec des Barbies		
Vous poignarde tendrement dans le cou		
Ne vous a même pas jeté un seul coup d'œil		
Total CINGLÉE		

L'ÉCHELLE SEXY/CINGLÉE

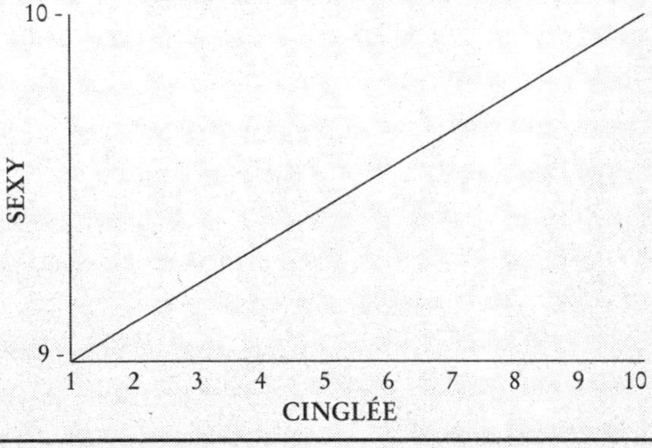

ARTICLE 87

Un Bro ne remet jamais en question le point marqué par un autre Bro au golf ; à la rigueur, il peut contester le développé couché, ou encore la hauteur. Il peut néanmoins demander au Bro de prouver ce point, généralement sous la forme d'un pari.

ARTICLE 88

Si un Bro, pour une raison quelconque, doit conduire la voiture d'un autre Bro, il ne touchera ni aux stations de radio préprogrammées ni aux rétroviseurs ni à la position des sièges, même s'il devait avoir l'air d'une mante religieuse géante au volant.

ARTICLE 89

Un Bro acquiescera toujours pour soutenir un Bro.

Quand vous êtes de sortie, vous devez toujours être prêt à soutenir les propos qu'un Bro tient à une meuf. « Oui, il est célibataire. » « Oui, on fait partie des Forces Spéciales de Nageurs de Combat. » « Oui, il a inventé Facebook. » Comme cela implique de déformer la réalité concernant sa fortune personnelle, ses prouesses sportives ou sa capacité à piloter divers avions, vous serez tenu à l'occasion de vous faire passer pour un provincial. Si vous avez assez de tripes pour vous déguiser en père de famille, vous faire passer pour un provincial dans votre ville natale est un excellent moyen de se faire des meufs… à condition d'avoir une histoire crédible.

COMMENT AVOIR L'AIR D'UN PROVINCIAL

Salut, je m'appelle ________ (vrai prénom) ________ (oiseau de proie). Je viens de ________ (direction de la boussole) ________ (lieu biblique), ________ (Midwest ou État rectangulaire). Tu sais, là où on trouve plein de ________ (créatures des bois)! Ouais, j'ai adoré grandir là-bas. Descendre la rue principale à ________ (heure locale), et passer chez ________ (prénom masculin à trois lettres) pour des ________ (dessert diabétique) faits maison. Ah ! Pardi, rien que d'y penser, ça me donne les larmes aux yeux et ça fait gargouiller mon ventre. De temps en temps, j'aime passer voir la vieille Mme ________ (espèce d'arbre) et ses ________ (légumes au pluriel) ________ (couleur) primé(e)s, cette dame a vraiment le cœur sur la main.

Ma petite amie du lycée ________ (espèce de fleur) et moi avions l'habitude de nous bécoter au Point du ________ (étendue d'eau) du ________ (animal dangereux). On se serait mariés si le Bon Dieu n'avait pas eu d'autres projets pour elle, qui se sont matérialisés sous la forme d'une ________ (berline américaine) qui a perdu le contrôle au virage de ________ (président américain). Après qu'elle a rendu l'âme, je me suis mis à sculpter des ________ (meubles) pour soulager ma peine, mais, waouh ! c'est sûr que je n'ai pas rencontré beaucoup de dames dans ce métier, surtout pas d'aussi jolies que toi. Ma parole, t'es plus jolie qu'un(e) ________ (animal de basse-cour) le jour du/de ________ (saison) brillant sous l'éclat de ________ (objet céleste).

ARTICLE 90

Un Bro se pointe à la fête d'un autre Bro avec au moins une unité d'alcool en plus de ce qu'il compte boire. Donc si un Bro a l'intention de descendre un pack de six, il apportera une canette de bière en plus d'un pack de six. Si la fête est pourrie et/ou qu'il y a trop de mecs, le Bro a le droit de repartir avec son alcool, même si la bienséance veut qu'il attende un moment où personne ne regarde dans sa direction.

ARTICLE 91

*Si un groupe de Bros pensent que
leur Bro essaie de se donner
un surnom, ils s'associeront pour lui
trouver un surnom ressemblant,
mais plus humiliant.*

ARTICLE 92

Un Bro garde ses plans cul à une certaine distance.

Pour préserver la pureté d'une relation si merveilleuse, impersonnelle et insipide, un Bro ne doit jamais s'attacher à son plan cul.

COMMENT FAIRE EN SORTE QU'UN PLAN CUL RESTE UN PLAN CUL

NE JAMAIS	POURQUOI ?
Lui offrir quoi que ce soit… Même pas une boisson.	Les cadeaux impliquent de la considération pour l'autre et sont réfléchis ; un plan cul ne devrait jamais donner l'impression d'être plus qu'une sorte de réflexe, comme un éternuement ou un raclement de gorge.
Appeler un plan cul un plan cul.	Certains êtres humains, particulièrement les femmes, aiment à penser qu'il n'y a pas que du sexe dans le sexe.
Rester dans les parages après le sexe.	Un plan cul relève du business. Une fois que la transaction a eu lieu, tout le reste est superflu, stérile et, surtout, gênant.
Rappeler si votre plan cul ne répond pas ce soir-là.	Deux appels impliquent que quelque chose de grave est arrivé, genre : on vous a diagnostiqué une MST, ou encore : vous voulez l'inviter à sortir.
Appeler plus de deux fois par mois.	Dans certains pays, ce serait considéré comme une demande en mariage.
Penser à elle avant minuit.	Des pensées oisives peuvent déboucher sur une relation amoureuse.
Accepter de se voir un autre soir que celui où vous l'appelez.	Ça s'appelle un rencard.

ARTICLE 93

Des Bros ne parlent pas italien entre eux.

ARTICLE 94

Si un Bro est dans la salle de bains et n'a plus de papier toilette, un autre Bro peut lui lancer un nouveau rouleau, mais à aucun moment leurs mains ne se toucheront ou la porte ne sera ouverte à plus de trente degrés.

ARTICLE 95

Un Bro alertera un autre Bro de la présence d'une femme à grosse poitrine, qu'il connaisse le Bro ou non. Ce genre d'alerte ne peut pas être exprimé verbalement.

COMMENT SIGNALER LA PRÉSENCE
D'UNE GROSSE POITRINE

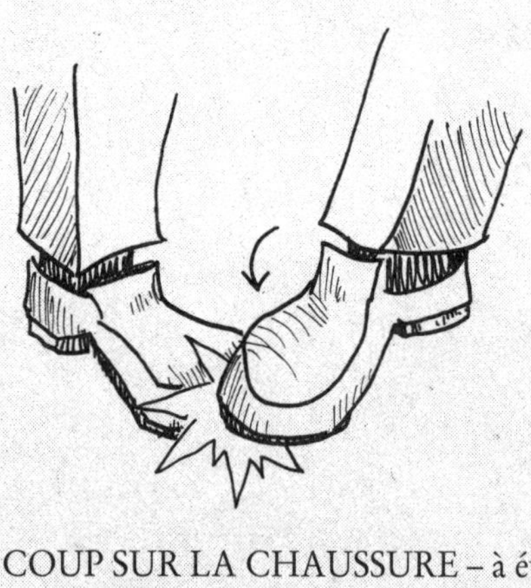

PETIT COUP SUR LA CHAUSSURE – à éviter dans des toilettes publiques.

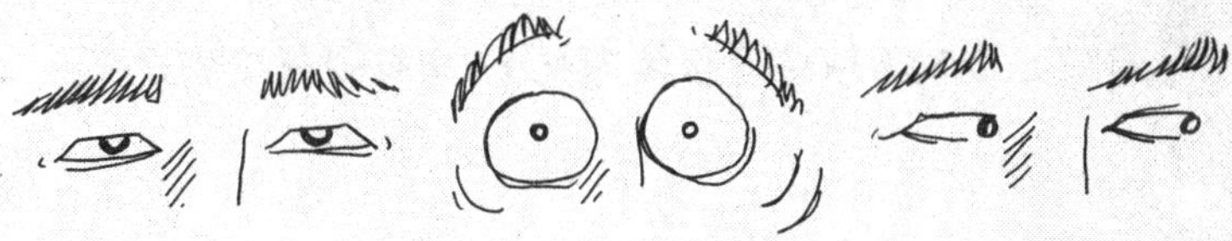

LA DÉVIATION DU REGARD

LE COUP DE PIED RAPIDE DANS LE TIBIA – seulement pour des bonnets D et plus, s'il vous plaît !

ARTICLE 96

Des Bros iront camper une fois par an, ou essaieront au moins d'allumer un feu.

NOTE : Essaieront d'allumer un feu dehors.

ARTICLE 97

La fac où un Bro a fait ses études mettra une raclée sur le terrain à la fac de son Bro ce week-end.

ARTICLE 98

Un Bro ne ment jamais à ses Bros sur le sex-appeal des meufs qui seront présentes à tel ou tel événement ou soirée mondaine.

CONSEIL DE BRO :
LE BRO QUI EN FAISAIT TROP

Autrefois vivait un Bro qui envoya un texto à ses Bros : « Meufs trop canon au bar ce soir ! » Lorsque ses Bros arrivèrent pour le copiloter, il se moqua d'eux car il n'y avait aucune meuf canon, juste un groupe de mecs ou un truc dans le genre. Le Bro recommença plusieurs fois, il trouvait en effet que c'était hilarant – et en quelque sorte, ça l'est – jusqu'à ce qu'un soir, il déboule dans le bar et tombe sur une séance photo pour un calendrier de la marque Hawaiian Tropic. Le Bro, affolé, envoya un texto à ses Bros : « Les mecs, vraiment besoin d'un copilote ici… Shooting pour un calendrier de meufs trop canon ! » Mais cette fois-ci ses Bros ne tinrent pas compte de son appel au secours et continuèrent leur marathon de jeux vidéo. Le Bro essaya tout seul de pécho un canon en bikini mais, sans copilote, il fut réduit en miettes par la horde de bombes.

On ne croira jamais un Bro à qui il arrive de mentir sur les meufs canon, même s'il dit la vérité.

ARTICLE 99

Un Bro ne demande jamais son chemin quand il est perdu.

EXCEPTION : Un Bro peut demander son chemin à une meuf canon qui a l'air de connaître le coin.

EXCEPTION : Un Bro peut demander son chemin à une meuf canon même si elle aussi a l'air perdue.

EXCEPTION : Un Bro peut demander son chemin à une meuf canon même s'il n'est pas du tout perdu.

ARTICLE 100

Quand il s'arrête à un feu, un Bro baisse la vitre pour que tout le monde puisse apprécier sa sélection musicale.

COROLLAIRE : S'il arrive que ce soit une meuf sexy qui conduise la voiture d'à côté, le Bro baissera ses lunettes de soleil pour avoir une meilleure vue. S'il ne porte pas ses lunettes de soleil, il les mettra d'abord, et les baissera ensuite pour avoir une meilleure vue.

ARTICLE 101

Si un Bro demande à un autre Bro de garder un secret, il emportera ce secret dans la tombe.* C'est ce qui fait d'eux des Bros, pas des meufs.

NOTE : L'intérêt d'une femme pour les ragots n'a d'égal que son exaltation pour les bébés et les accessoires. À ce titre, un Bro doit en tenir compte quand il divulgue un secret à un Bro marié.

* Et même au-delà, si le Bro découvre qu'il y a effectivement une vie après la mort.

ARTICLE 102

Un Bro sera très scrupuleux dans la sélection et l'entraînement de son copilote.

CANDIDATURE DE COPILOTE

Nom : ______________________________

Alias : ______________________________

(par ex. : Jean Palesec, dit le Barnacle)

Compétences particulières : ______________________

(par ex. : PowerPoint, allemand, massage)

Sur l'échelle ci-dessous, veuillez indiquer la valeur de votre sex-appeal.

1——2——3——4——5——6——7——8——9——Barney Stinson

Questionnaire à choix multiples

1. Vous êtes le batteur de studio de Van Halen. Qui n'est pas le chanteur de votre groupe ?

   a. David Lee Roth
   b. Gary Cherone
   d. Sammy Hagar
   e. Barney Stinson

2. C'est bien connu, une meuf n'apprécie pas les blagues sur :

   a. son visage
   b. ses chaussures
   c. son intelligence
   d. aucune de ces propositions

Réponse courte

Vous êtes le personnage A. Le personnage B est votre copilote. Expliquez quel stratagème vous mettriez en place et pourquoi.

Sujet de dissertation

Au dos de cette candidature, écrivez au sujet d'une personne qui a eu une influence considérable dans votre vie.

ARTICLE 103

Un Bro ne porte jamais de chaussettes avec des sandales. Il s'engage à respecter un accoutrement pédestre cohérent et s'y tient.

ARTICLE 104

La mère d'un Bro est toujours interdite. Mais la belle-mère d'un Bro est la proie idéale si l'initiative vient d'elle et/ou si elle porte au moins un vêtement en imprimé léopard… à condition que ça lui aille bien… mais surtout pas si elle fume des cigarettes menthol.

Il est ici décidé qu'en aucune façon un Bro n'est autorisé à se livrer à des friandises charnelles avec la mère d'un autre Bro. Un Bro est cependant autorisé et encouragé à décrire à un Bro, de façon très imagée, les prouesses sportives, bestiales et/ou les accessoires utilisés pendant une rencontre fictive avec la mère de ce dernier. (*Nota bene* : il est d'usage qu'un Bro évite une telle **Brocétie** si la mère de son Bro est un 9/10 ou plus, par crainte d'une incitation œdipienne.) Si un Bro découvrait que son Bro a été adopté, il est libre de draguer la mère adoptive de son Bro, mais seulement après avoir eu la preuve d'une parenté non biologique par le biais de certificats de naissance authentifiés, d'archives d'hôpital ou en comparant les acides désoxyribonucléiques sur un gel d'électrophorèse, selon ce qui est le plus pratique.

ARTICLE 105

Si un Bro n'est pas invité au mariage d'un autre Bro, il n'en fait pas tout un drame, même si, regardons les choses en face, c'est en quelque sorte grâce à lui si les mariés sont sortis ensemble et en plus il a déjà trouvé le cadeau de mariage parfait et tout le reste. Mais tout va bien. Pas de quoi en faire un plat.

ARTICLE 106

S'il a le choix concernant la taille de la boisson quand il commande une bière avec ses Bros, un Bro choisit toujours la plus grande taille disponible ou il en entendra parler toute la soirée.

ARTICLE 107

Un Bro ne laisse jamais un autre Bro en plan quand il sollicite un tape-m'en-cinq.

En plus des risques sanitaires évidents inhérents au fait de garder un bras en l'air pendant une période de temps prolongée, laisser un Bro en plan en public peut avoir des conséquences émotionnelles dévastatrices. Si un jour vous voyez un Bro, même si vous ne le connaissez pas, regarder désespérément autour de lui avec une main en l'air, allez à sa **Broscousse** et frappez dans sa main.

TAPE-M'EN-CINQ D'USAGE POUR BROS

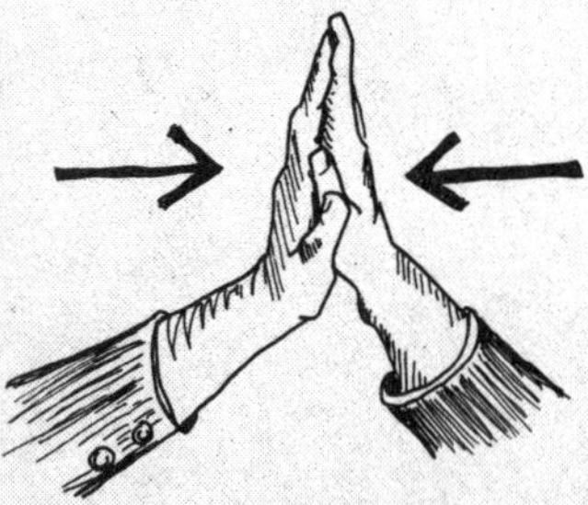

LE CLASSIQUE

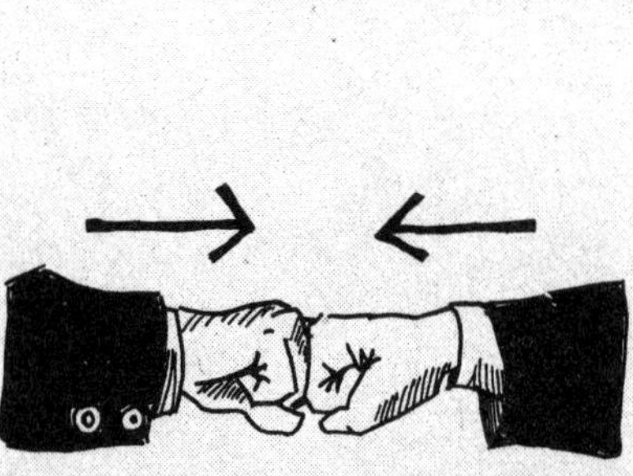

LE CHECK

LE CHECK EXPLOSIF

LE TOUR DU MONDE

LE TAPE-M'EN-CINQ-TOUT-SEUL

LE TAPE-M'EN-CINQ RÉCIDIVÉ

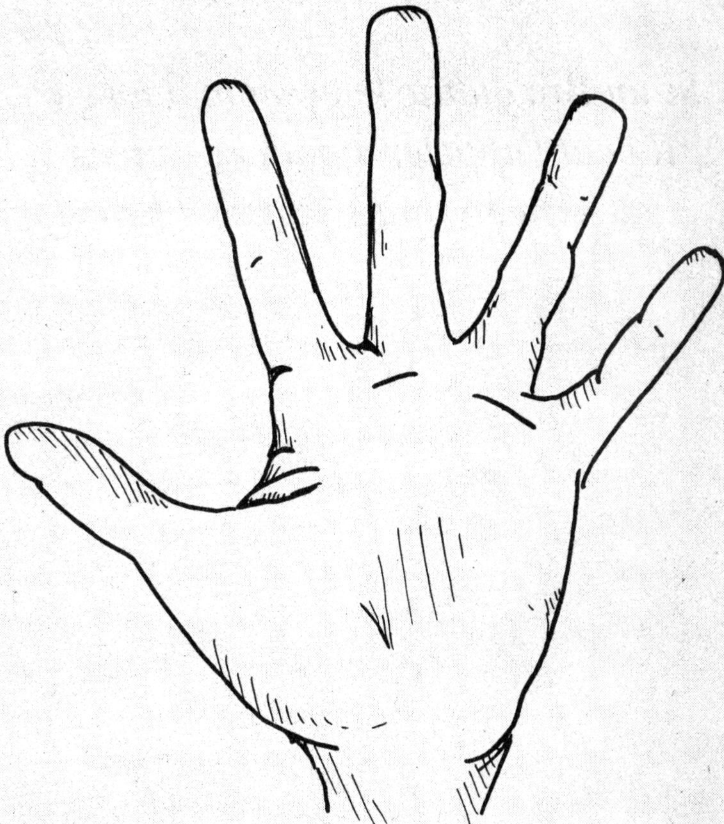

LE TAPE-M'EN-CINQ DU BRO CODE !
(Arrachez cette page et portez-la sur vous :
vous ne serez jamais laissé en plan…)

ARTICLE 108

Si un Bro oublie le prénom d'un gars, il peut l'appeler « man », « vieux » ou « mec », mais jamais « Bro ».

ARTICLE 109

Quand des Bros assistent à un événement sportif, s'ils sont filmés et se voient sur l'écran géant de retransmission, ils avanceront leurs lèvres et fléchiront leurs muscles pour signaler à la foule que leur équipe est numéro un, malgré tout classement objectif contraire.

ARTICLE 110

Si un Bro accroche avec une meuf, ses Bros feront tout ce qui est en leur pouvoir pour garantir le résultat espéré.

Vous et vos Bros devrez faire face à de nombreux défis apparemment insurmontables dans votre quête pour vous taper un coup d'un soir. Voici quelques techniques pour les rendre surmontables.

RÉSOLUTION DES PROBLÈMES LIÉS AU COUP D'UN SOIR

PROBLÈME	SOLUTION
J'ai oublié son nom.	Faites en sorte qu'un Bro aille se présenter à elle et écoutez attentivement. Note : choisissez votre Bro le plus moche.
Elle a refusé que je lui offre à boire.	Proposez-lui de prendre un petit déjeuner au lit comme solution de rechange. Si elle refuse, dites que vous plaisantiez.
Elle passe une soirée entre filles.	Identifiez et ciblez la raison de cette soirée entre filles : une des meufs s'est récemment fait plaquer.
Les lumières se sont allumées – elle est laide.	Plissez les yeux très fort. Si elle demande ce que vous faites, dites que vous avez oublié vos lunettes ou que vous êtes préoccupé ou quelque chose dans le genre.

ARTICLE 111

Si un Bro se rend compte qu'un autre Bro a oublié de se déconnecter de sa boîte e-mail, il se déconnectera pour lui, mais uniquement après avoir envoyé quelques e-mails injurieux à des contacts choisis au hasard et effacé tous les messages envoyés.

ARTICLE 112

Un Bro ne chante pas sur la musique dans un bar.

EXCEPTION : Un Bro peut participer à un karaoké.

EXCEPTION À L'EXCEPTION : Pas de chansons de meufs.

ARTICLE 113

Un Bro respecte la formule de différence d'âge acceptable quand il drague une meuf plus jeune.

FORMULE DE DIFFÉRENCE D'ÂGE ACCEPTABLE

$$x \leq y/2 + 7$$

x = âge de la meuf ; y = âge du Bro

Cette formule empêche les vieux roublards de ramasser toutes les jeunes bombasses, tout en évitant aux Bros de voir un vieux croûton avec une meuf sexy et de les imaginer en train de le faire sur un lit ajustable.

TABLEAU DE RÉFÉRENCE DE DIFFÉRENCE D'ÂGE

(pour votre portefeuille)

Bro	Meuf	Bro	Meuf	Bro	Meuf	Bro	Meuf	Bro	Meuf	Bro	Meuf
22	18	36	25	50	32	64	39	78	46	92	53
23	18.5	37	25.5	51	32.5	65	39.5	79	46.5	93	53.5
24	19	38	26	52	33	66	40	80	47	94	54
25	19.5	39	26.5	53	33.5	67	40.5	81	47.5	95	54.5
26	20	40	27	54	34	68	41	82	48	96	55
27	20.5	41	27.5	55	34.5	69	heh	83	48.5	97	55.5
28	21	42	28	56	35	70	42	84	49	98	56
29	21.5	43	28.5	57	35.5	71	42.5	85	49.5	99	56.5
30	22	44	29	58	36	72	43	86	50	100	57
31	22.5	45	29.5	59	36.5	73	43.5	87	50.5		
32	23	46	30	60	37	74	44	88	51		
33	23.5	47	30.5	61	37.5	75	44.5	89	51.5		
34	24	48	31	62	38	76	45	90	52		
35	24.5	49	31.5	63	38.5	77	45.5	91	52.5		

ARTICLE 114

Si un Bro squatte le canapé de son Bro pour une période de temps prolongée, il proposera de participer aux frais de papier toilette et à la facture du câble si ladite période excède deux semaines. S'il reste plus d'un mois, il proposera de contribuer au loyer. S'il reste plus de deux mois, il nettoiera le canapé à la vapeur ou le fera incinérer, selon ce qui sera le plus approprié.

ARTICLE 115

*Une plage « semi-nudiste »
n'a pas vraiment la signification
« semi-nudiste » pour des Bros.*

ARTICLE 116

Un Bro ne tuera point un autre Bro ni les chances d'un Bro de se taper une meuf.

Tous les Bros sont dotés d'un droit à la vie et d'un droit de draguer des meufs canon. Toute violation de l'un ou l'autre de ces droits divins représente un crime ignoble et peut conduire à la peine la plus sévère admise par le Bro Code : la perte du statut privilégié de passager avant.

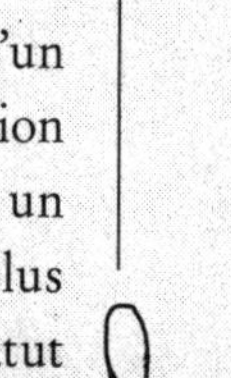

ARTICLE 117

Un Bro ne renonce pas volontairement à l'usage d'une télécommande. Si un autre Bro désire changer de chaîne, il doit l'exprimer oralement ou se lever pour changer de chaîne manuellement, aussi vaine que puisse paraître cette opération.

COROLLAIRE : Il est normal qu'un Bro fasse tout ce qui est en son pouvoir pour entrer en possession de la télécommande, ce qui peut aller jusqu'à chasser son/ses Bro(s) de la pièce au moyen de gaz intestinaux.

ARTICLE 118

Quand un Bro est avec ses Bros,
il n'est pas végétarien.

ARTICLE 119

*Quand trois Bros doivent partager le siège arrière d'une voiture, il est inacceptable qu'un Bro mette son bras autour d'un autre Bro pour se faire de la place. De même, il est inacceptable que deux Bros partagent une moto, à moins que ladite moto soit équipée d'un side-car… une **Broto**.*

ARTICLE 120

Un Bro appelle toujours un autre Bro par son nom de famille.

EXCEPTION : Si le nom de famille du Bro est également une épithète raciale.

ARTICLE 121

Même s'il n'a jamais fait de ski avant, un Bro ne prend pas une piste verte à la légère.

COROLLAIRE : Si un Bro fait l'expérience d'une chute catastrophique, il peut toujours blâmer ses fixations ou les « conditions ».

ARTICLE 122

Un Bro est toujours survolté. Toujours.

Si vous avez des difficultés à être survolté, ou que vous avez besoin de rendre un Bro survolté, vous pouvez toujours vous faire une compile « Survoltage ».

CHANSONS CLASSIQUES « SURVOLTAGE »

« You Give Love a Bad Name », Bon Jovi

« Rock You Like A Hurricane », Scorpions

« I Wanna Rock », Twisted Sister

« Come Sail Away », Styx

« The Humpty Dance », Digital Underground

« Free Bird » (seulement la seconde moitié), Lynyrd Skynyrd

« Don't Stop Believin' », Journey

« Panama », Van Halen

« You're The Best Around », Joe Esposito

« Jessie's Girl », Rick Springfield

« Talk Dirty to Me », Poison

« Lick It Up », Kiss

« Thunderstruck », AC/DC

« Paradise City », Guns N' Roses

« High Enough », Damn Yankees

« Tom Sawyer », Rush

« The Transformers Theme », Vince DiCola with Optimus Prime

« Hip Hop Hooray », Naughty By Nature

« Dr Feelgood », Mötley Crüe

« Dancing with Myself », Billy Idol

« Round and Round », Ratt

ARTICLE 123

Deux Bros conserveront entre eux un rayon d'au moins un mètre de diamètre quand ils danseront sur la même piste, même s'ils rejouent le combat au couteau du clip « Beat It », ce que, je pense, deux Bros ne devraient pas faire de toute façon, ou du moins pas très souvent.

ARTICLE 124

Si un Bro tire un airball, est éliminé en jouant au softball, ou lance une boule dans un des dalots en jouant au ***Browling****, il est tenu de se trouver une excuse.*

ARTICLE 125

Si un Bro conduit devant un autre Bro dans une ***Brocession****, il est tenu d'essayer de le perdre dans la circulation juste pour se marrer.*

ARTICLE 126

Dans un scénario où au moins deux Bros regarderaient un divertissement pour adultes, un Bro ne peut en AUCUN cas, volontairement ou involontairement, toucher un autre Bro. Cela inclut, sans y être limité : le tape-m'en-cinq, le check ou la petite tape sur les fesses. Le clin d'œil est aussi une erreur à ne pas commettre.

CHECK-LIST AVANT LE CLUB DE STRIP-TEASE

- ❑ Échanger assez d'argent liquide en monnaie locale.
- ❑ Cartes de retrait et de crédit cachées au fond du portefeuille mais de manière accessible dans le cas assez rare d'un scénario avec des « jumelles ».
- ❑ Se saouler.
- ❑ Fausses cartes de visite de « producteur de films » placées dans une poche depuis laquelle elles pourraient « accidentellement » tomber dans le décolleté de la/des danseuse(s).
- ❑ Se promettre d'éviter les danseuses avec des noms du genre Fumée, Hépatite ou Tonnerre.
- ❑ Éteindre le chauffage/air conditionné dans l'appartement, économisant ainsi les charges et, tant qu'à faire, protégeant également l'environnement.
- ❑ Ne pas porter de jeans.
- ❑ Lire attentivement le synopsis du film que vous êtes censés aller voir.

ARTICLE 127

Un Bro aidera toujours un autre Bro à reconstituer les événements de la nuit précédente, à moins que ces événements n'impliquent d'avoir pécho une meuf trop moche ou que le Bro ait dit à maintes reprises « Je t'aime, mec » à tous ses Bros.

ACM – Assistance ou/et Correction de la Mémoire – très utile aux alentours des vacances parce que, quand des gens se réunissent avec ceux qu'ils aiment, le besoin de boire de l'alcool augmente de façon exponentielle.

Halloween est un moment où les Bros sont spécialement sujets à des pertes de mémoire dues à la combinaison mortelle d'abondantes douceurs : l'alcool fort et, bien sûr, les bonbons. En effet, une année, je me suis réveillé avec quatre nouveaux numéros de téléphone mais aucune idée de qui me les avait donnés. Heureusement, je fus capable de reconstituer une matrice logique de la soirée en m'appuyant sur l'heure à laquelle j'enregistrai les numéros dans mon portable et quelques vagues souvenirs des quatre costumes que j'avais portés lors de la fête.

Je m'étais déguisé en Viking, en ninja, en Teddy Roosevelt et, bien sûr, en Ghandi, mon vieux numéro de réserve. J'ai pécho une fille différente dans chaque costume : une nonne cochonne, une Cendrillon cochonne, une pute cochonne, et une espèce de créature cochonne avec des oreilles et une queue.

Pour réussir ce jeu de piste, mettez une croix dans la case quand vous avez écarté une possibilité à l'aide des indices. Par exemple, l'Indice 1 dit que je ne me suis pas réveillé dans mon costume de ninja, donc la case ninja/2 heures 21 est déjà biffée. À savoir : certains indices vous permettront de mettre une croix dans plus d'une case en même temps.

CE DONT JE ME SUIS SOUVENU

1. Je ne me suis pas réveillé dans mon costume de ninja, mais je sais que j'ai fini la nuit avec une queue.
2. La pute cochonne était partie le 1er novembre, donc elle a raté mon appétissant costume de Ghandi… Elle aussi allait rester sur sa faim.
3. Autant Cendrillon que la nonne étaient intriguées par mon épée. Je voyais encore des étoiles de ninja quand j'enfilais mon costume de Viking.
4. Quand je suis arrivé à la fête, j'ai parlé doucement aux bombasses et leur ai montré mon « gros bâton ». Politiquement parlant bien sûr – j'étais déguisé en Teddy Roosevelt.
5. J'ai chopé le numéro de Cendrillon plus tôt. J'avais peur que ses melons ne se transforment en citrouilles à minuit.

	Cendrillon cochonne	Pute cochonne	Créature cochonne	Nonne cochonne	21h42	22h56	12h03	2h21	
Viking									21h42
Roosevelt									22h56
Ninja								X	12h03
Gandhi									2h21
21h42									
22h56									
12h03									
2h21									

Voir les réponses page 195.

ARTICLE 128

Un Bro ne porte jamais en même temps deux vêtements où est inscrit le nom de la même université, de la même destination de vacances ou de la même équipe sportive. Même en cas d'urgence (par ex. linge sale), il est préférable qu'un Bro sorte à moitié nu plutôt que d'enfreindre ce code... à moitié nu signifie nu au-dessus de la taille, bien évidemment.

ARTICLE 129

Si un Bro emprunte un DVD, un jeu vidéo, ou de l'équipement de jardin à un autre Bro, il ne s'attendra pas à les récupérer un jour, à moins que son Bro ne meure et lui lègue dans son testament tout ce qu'il lui a emprunté.

ARTICLE 130

Si un Bro apprend qu'un autre Bro a été victime d'un accident de la route, il doit d'abord demander avec quel type de voiture il est entré en collision et si elle a été bousillée avant de demander si son Bro va bien.

ARTICLE 131

Bien qu'il ne soit pas censé savoir changer un pneu, un Bro est au moins tenu de sortir le cric et de regarder bêtement le pneu crevé pendant un certain temps. S'il a besoin de consulter le carnet de bord pour localiser le cric, il le fera à l'intérieur de la voiture, à l'abri des regards indiscrets, d'où il pourra appeler discrètement une dépanneuse. Il est fortement recommandé de cacher le cric sur le bord de la route avant que la dépanneuse n'arrive.

ARTICLE 132

Si un Bro décide de laisser tomber tous ses Bros et de se marier, il est tenu de les inviter au mariage, même si cela va franchement à l'encontre de la volonté de sa fiancée et entraîne une sanction se traduisant par « une privation sexuelle » ou une quelconque punition domestique bidon que les couples emploient parfois.

Une future mariée voit son mariage comme le plus beau jour de sa vie. Un futur marié voit son mariage comme le plus triste : son mariage signifie la mort des virées entre Bros. Il y a un moyen très simple pour le futur marié de rendre hommage à ses Bros... les demoiselles d'honneur.

CAMEMBERT DES DEMOISELLES D'HONNEUR PRÉSENTES À UN MARIAGE

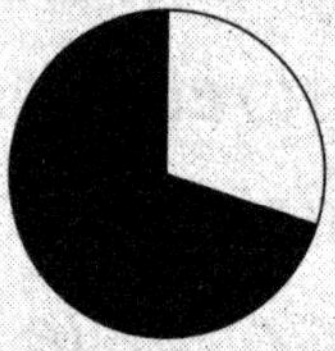

Serrées dans des robes identiques très kitsch, les demoiselles d'honneur n'ont qu'un seul but : les retirer. Des études ont montré qu'un mélange de jalousie, de Bros en tenue de cérémonie et, bien sûr, de cocktails, font d'une demoiselle d'honneur l'une des meufs les plus accessibles de la planète.

ARTICLE 133

Un Bro revendique un pet seulement après avoir d'abord accusé au moins un autre Bro.

EXCEPTION : « Tire mon doigt. »

ARTICLE 134

Un Bro a le droit de choisir une femme comme copilote.

Depuis l'aube de l'humanité, les Bros ont parlé à voix basse d'un copilote muni de pouvoirs si géniaux qu'il pouvait rameuter douze meufs canon d'un seul clin d'œil. Je parle bien sûr de LA copilote. Pensez à ça, si votre copilote sait déjà ce que les femmes veulent entendre, n'est-ce pas un avantage bien plus grand que d'avoir beaucoup d'argent, une chevelure flamboyante ou même un hors-bord ? Bien sûr que oui, et la meilleure partie, c'est que ces super copilotes existent réellement. Mais pour en obtenir une, vous devrez vaincre les idées reçues sexistes qui si souvent dissuadent les meufs d'aider les Bros à se taper d'autres meufs.

LA COPILOTE : VRAI OU FAUX ?

Une copilote doit pisser beaucoup trop souvent.	**Faux** – Une vessie de meuf est plus petite mais plus facile à contrôler. Sinon, comment expliquer qu'autant de meufs puissent tenir durant toute la projection de *Titanic* ?
Une copilote n'offre jamais de verres.	**Vrai** – Mais vos dépenses sont compensées par celles d'autres mecs.
Une copilote est distraite par les ragots.	**Faux** – Ce que les Bros entendent comme de simples bavardages aux fréquences aiguës, les femmes les tiennent pour des discussions très complexes, tenues secrètes par un subtil langage corporel.
Une copilote passera pour ma meuf.	**Vrai** – Mais rien n'attire autant les femmes qu'un mec avec une meuf.

ARTICLE 135

Si un scénario survient dans lequel un Bro a promis à deux de ses Bros le statut privilégié de passager avant, l'une des propositions suivantes déterminera qui sera le vainqueur : (1) course à pied jusqu'à la voiture ; (2) vente aux enchères par écrit ; ou, dans le cas d'une virée en voiture dépassant 700 kilomètres, (3) un combat à mort dans une cage où tous les coups sont permis.

ARTICLE 136

Quand il est interrogé par sa copine sur un enterrement de vie de garçon, un Bro ne lâchera rien de plus qu'un : « C'était pas mal », sur un ton indifférent.

COROLLAIRE : Un Bro n'apporte jamais d'appareil photo à un enterrement de vie de garçon. Le seul souvenir qu'un Bro est autorisé à ramener d'un enterrement de vie de garçon est un souvenir que seule la pénicilline peut anéantir.

ARTICLE 137

Quand il reçoit chez lui, un Bro commande assez de pizzas pour tous ses Bros.

L'ÉQUATION DE LA PIZZA

$$p = \frac{3b}{8}$$

p = nombre de pizzas (arrondi au nombre entier supérieur)
b = nombre de Bros (vous y compris)

L'équation prend en compte le coefficient de faim d'un Bro (f) :

$$f(b) = \frac{m}{\Delta t}$$

m = masse gravitationnelle du Bro
Δt = temps écoulé depuis le dernier repas du Bro

L'équation ne prend en compte aucun changement de taux d'appétit, ce qui est pleinement exprimé par l'Intégrale de la Pizza de Stinson.

$$p(b) = \int_b^\infty \frac{\{1 + [b/(b+1)]\} \times 3.4}{8}$$

ARTICLE 138

Un vrai Bro ne rit pas quand un mec est frappé dans les bijoux de famille.

EXCEPTION : À moins qu'il ne connaisse pas le mec en question.

ARTICLE 139

Vrai ou pas, un Bro n'admet jamais connaître un spectacle de Broadway ou une comédie musicale, en dépit du fait que, oui, c'est vrai, « Broadway » commence par « Bro ».

ARTICLE 140

Un Bro se réserve le droit de partir, tout simplement, pendant les cinq premières minutes d'un rencard.

LA LOI DU CITRON

La Loi du Citron est un vide juridique peu connu concernant les rencards, qui autorise un Bro à abandonner la partie pendant les cinq premières minutes, sans avoir à répondre de ses actes. Combien de fois un Bro vous a-t-il arrangé un rencard avec une inconnue qui en fait ressemblait au Predator sans son masque ? Désormais, avec la Loi du citron, vous n'avez plus besoin de vous taper ce genre de torture ni de faire perdre du temps au Predator. Présentez-vous à votre rencard avec une carte de La Loi du Citron et vous pourrez déguerpir sans problème.

JE SUIS DÉSOLÉ, MAIS CE RENCARD EST TERMINÉ

En accord avec

LA LOI DU CITRON

www.barneysblog.com

La loi du citron peut être invoquée si, pendant les cinq premières minutes (300 secondes) d'un premier rencard, chaque partie juge l'union sans espoir et choisit d'interrompre ledit rencard par économie de temps et/ou par respect pour soi-même. Par la présente, cette carte absout le **donneur** de tout « sentiment de rancœur » ou de « questions » de la part du **receveur de la carte du Citron** en rapport avec l'interruption du rencard, qui peut être terminé pour toute raison incluant, mais sans y être limité : des vêtements clinquants, l'haleine, la laideur, des poils mal placés/excessifs, une prononciation bizarre, des études faites dans le public, peu d'argent, pas d'argent, une/des odeur(s) suspecte(s).

ADDENDA

(I) Le donneur de la carte peut déroger à la Loi du Citron dans le cas où le receveur consentirait immédiatement à une aventure d'un soir sans engagement aucun, dont la durée n'excédera pas une (1) nuit. (II) Les termes de cet accord sont exclusivement nominatifs, par déférence pour l'émergence de la Loi du Citron en tant que « mode ». (III) Dans le cas peu probable d'un recours simultané, les parties décréteront un (1) tape-m'en-cinq, et aucune des parties n'endossera officiellement le crédit pour la délivrance de la carte de la Loi du Citron.

JE SUIS DÉSOLÉ, MAIS CE RENCARD EST TERMINÉ

En accord avec

LA LOI DU CITRON

www.barneysblog.com

La loi du citron peut être invoquée si, pendant les cinq premières minutes (300 secondes) d'un premier rencard, chaque partie juge l'union sans espoir et choisit d'interrompre ledit rencard par économie de temps et/ou par respect pour soi-même. Par la présente, cette carte absout le **donneur** de tout « sentiment de rancœur » ou de « questions » de la part du **receveur de la carte du Citron** en rapport avec l'interruption du rencard, qui peut être terminé pour toute raison incluant, mais sans y être limité : des vêtements clinquants, l'haleine, la laideur, des poils mal placés/excessifs, une prononciation bizarre, des études faites dans le public, peu d'argent, pas d'argent, une/des odeur(s) suspecte(s).

ADDENDA

(I) Le donneur de la carte peut déroger à la Loi du Citron dans le cas où le receveur consentirait immédiatement à une aventure d'un soir sans engagement aucun, dont la durée n'excédera pas une (1) nuit. (II) Les termes de cet accord sont exclusivement nominatifs, par déférence pour l'émergence de la Loi du Citron en tant que « mode ». (III) Dans le cas peu probable d'un recours simultané, les parties décréteront un (1) tape-m'en-cinq, et aucune des parties n'endossera officiellement le crédit pour la délivrance de la carte de la Loi du Citron.

JE SUIS DÉSOLÉ, MAIS CE RENCARD EST TERMINÉ

En accord avec

LA LOI DU CITRON

www.barneysblog.com

La loi du citron peut être invoquée si, pendant les cinq premières minutes (300 secondes) d'un premier rencard, chaque partie juge l'union sans espoir et choisit d'interrompre ledit rencard par économie de temps et/ou par respect pour soi-même. Par la présente, cette carte absout le **donneur** de tout « sentiment de rancœur » ou de « questions » de la part du **receveur de la carte du Citron** en rapport avec l'interruption du rencard, qui peut être terminé pour toute raison incluant, mais sans y être limité : des vêtements clinquants, l'haleine, la laideur, des poils mal placés/excessifs, une prononciation bizarre, des études faites dans le public, peu d'argent, pas d'argent, une/des odeur(s) suspecte(s).

ADDENDA

(I) Le donneur de la carte peut déroger à la Loi du Citron dans le cas où le receveur consentirait immédiatement à une aventure d'un soir sans engagement aucun, dont la durée n'excédera pas une (1) nuit. (II) Les termes de cet accord sont exclusivement nominatifs, par déférence pour l'émergence de la Loi du Citron en tant que « mode ». (III) Dans le cas peu probable d'un recours simultané, les parties décréteront un (1) tape-m'en-cinq, et aucune des parties n'endossera officiellement le crédit pour la délivrance de la carte de la Loi du Citron.

ARTICLE 141

Un Bro ne peut se faire faire une manucure que si (a) il essaie de coucher avec la femme trop sexy d'origine asiatique qui fait la manucure, ou (b) sa dernière manucure remonte à plus d'un mois. Ça s'appelle le Bro Code, pas le Code des Loques.

ARTICLE 142

*Un Bro ne cherchera pas
à se venger s'il s'évanouit
devant ses Bros et se réveille
le visage couvert de marqueur.*

ARTICLE 143

Quand il exécute un tape-m'en-cinq, il est interdit à un Bro d'entrelacer les doigts ou d'étreindre la main de son Bro.

COIN BROÉSIE

« Tap men sin ku »
Un deux trois quatre cinq
Lève chaque doigt bien haut
Tape et relâche, Bro

ARTICLE 144

Il est inacceptable que deux Bros partagent le même lit à l'hôtel sans avoir d'abord épuisé toutes les combinaisons possibles : canapé, lit de camp et oreillers par terre. Si ces alternatives demeurent irréalisables, le seul moyen d'éviter de se retrouver en position cuillère – une situation inopinée et délicate – sera de déterminer par un bras de fer qui dormira sous le drap. Une fois décidé, chaque Bro mettra le plus de couches possible sur la partie basse de son corps avant de faire un check silencieux pour souhaiter bonne nuit à l'autre.*

* Pas sur le lit

ARTICLE 145

*Un Bro n'est jamais vexé
si un autre Bro manque
de le rappeler, de répondre
à un texto ou à un e-mail à temps.*

ARTICLE 146

Un Bro s'abstiendra de faire partager trop de détails quand il racontera ses exploits sexuels à ses Bros.

Décrire la scène de manière imagée quand vous relatez une prouesse sexuelle oblige inconsciemment vos Bros à vous imaginer nu… et il n'y a aucun retour en arrière possible.

LES DIFFÉRENTS NIVEAUX DE DÉTAILS ACCEPTABLES

NIVEAU	ÉCHANTILLON DE DIALOGUE	ACCEPTABLE ?
Vague	« J'ai serré hier soir. »	
Modéré	« J'ai grave serré hier soir. »	
Précis	« Elle a mis son [censuré] sur mon [censuré], du coup, mon [censuré] a [censuré] [censuré]ment. »	

ARTICLE 147

Si un Bro voit un autre Bro se battre, il accourt immédiatement pour lui prêter main-forte.

EXCEPTION : Si son Bro a cherché à se battre avec un mec à l'apparence flippante.

EXCEPTION : Si c'est la troisième bagarre (ou plus) dans laquelle son Bro est impliqué cette semaine.

EXCEPTION : Si le Bro a un mot du médecin qui le dispense de prêter main-forte à qui que ce soit.

ARTICLE 148

Un Bro n'écoute pas de musique de meufs… devant d'autres Bros. Quand il est seul, un Bro peut écouter, disons, un ou deux albums de Sarah McLachlan, mais seulement pour se faire une idée précieuse de la psyché du sexe féminin, et pas parce qu'il trouve que ses mélodies sont à la fois dangereusement enivrantes et curieusement inspirantes.

ARTICLE 149

Un Bro fait semblant de comprendre et d'apprécier les cigares.

MOTS MÊLÉS DU CIGARE

A	C	H	U	R	C	H	I	L	L	B	O
F	F	G	E	T	A	B	A	C	I	O	L
I	E	W	P	S	C	J	G	O	R	W	X
C	Z	T	R	E	P	H	R	T	W	Q	Y
I	R	L	E	W	I	N	S	K	Y	P	I
O	M	G	S	B	R	A	F	G	W	U	R
N	T	H	I	B	C	U	B	A	I	N	R
A	A	M	D	L	A	S	R	V	T	Q	H
D	Q	R	E	I	P	G	O	K	V	R	O
O	I	D	N	M	E	T	U	F	B	H	N
P	I	O	T	L	C	J	W	E	Z	R	Y
F	R	R	E	N	H	T	R	I	P	E	D

- ❑ Tabac
- ❑ Churchill
- ❑ Tripe
- ❑ Lewinsky
- ❑ Bague
- ❑ Fidel Castro
- ❑ Cubain
- ❑ Cape
- ❑ Présidente
- ❑ Aficionado

ARTICLE 150

Pas de sexe avec l'ex de ton Bro.

Il n'est en aucun cas permis à un Bro de coucher avec l'ex de son Bro. Enfreindre ce code est pire que de tuer un Bro.

AMENDEMENTS

AMENDEMENT I

Un Bro a le droit de coucher avec l'ex de son Bro si l'initiative vient d'elle, si elle est vraiment sexy, ou si son Bro est en déplacement ou dans une autre pièce.

AMENDEMENT II

Si un Bro écrit et réalise une trilogie d'aventures épiques géniale qui se déroule dans l'espace et qui définit l'enfance d'une génération, il lui est interdit de ternir plus tard cet héritage en produisant une autre trilogie qui explique les événements précurseurs de la trilogie culte, et qui vient ainsi tout gâcher en obligeant les Bros à préciser « de l'Épisode 4 à 6 », ou « la vraie trilogie », quand ils font référence à ce qui a été un jour une série de films parfaits, sans se soucier de ce qu'on peut ressentir au sujet des Ewoks.

AMENDEMENT III

Si un Bro se rendait compte que son Bro a une sœur vraiment canon (un 9/10 ou mieux), elle n'est plus protégée par l'Article 19 : Un Bro ne couchera pas avec la sœur d'un autre Bro. Ceci dit, un Bro devrait réfléchir deux secondes et se demander si la sœur ne ressemble pas en quelque sorte à son Bro avec une perruque.

AMENDEMENT IV

Un Bro ne chassera jamais un Bro qui se pointe chez lui à l'improviste avec un carton rempli de films pornos.

AMENDEMENT V

Si votre Bro se retrouve à vivre avec une meuf, il n'est plus du tout acceptable que vous vous pointiez chez lui à l'improviste avec un carton rempli de films pornos.

AMENDEMENT VI

D'accord, si un Bro a désespérément besoin de planquer ses films pornos quelque part, il est autorisé à se pointer chez son Bro à l'improviste avec un carton rempli de films pornos, même si son Bro vit avec une meuf. Étant donné que le lien d'un Bro avec ses films pornos constitue indubitablement une relation plus ancienne et plus profonde, le carton de films pornos se voit offrir la priorité sur la petite amie avec qui il vit, bien que le carton de films pornos soit incapable de se montrer super vénère et de faire la grève du sexe pendant une soirée.

AMENDEMENT VII

(Écrivez-le vous-même pour que plus tard – si besoin est – vous puissiez citer le Bro Code.)

AMENDEMENT VIII

Un Bro peut jeter le Bro Code par la fenêtre si des sœurs jumelles scandinaves sont impliquées de quelque manière que ce soit.

AMENDEMENT IX

Un Bro a le droit de jouer de l'Air Guitar, à condition que la guitare soit en plastique et branchée à un dispositif de jeu vidéo.

AMENDEMENT X

Un Bro a le droit de publier le Bro Code s'il a des chances d'en tirer un bénéfice.

VIOLATIONS

Les violations du Bro Code peuvent entraîner une amende pouvant s'élever à 250 000 $ ou, dans certains cas, une **Brodiation** définitive. Les disputes non résolues par le Bro Code peuvent être soumises par e-mail au Tribunal International des Bros à *barneystinson@barneysblog.com*, à condition que de telles controverses incluent des photos des meufs impliquées. Mais seulement si elles sont excitantes – les meufs, pas les controverses.

Il n'y a pas de plus grand affront à l'esprit du Bro Code qu'une violation volontaire. Bien qu'un Bro puisse occasionnellement commettre un faux pas en raison d'un état d'ébriété, d'une erreur momentanée de jugement, ou si une meuf est tellement sexy que les autres Bros diraient : « Il n'a pas vraiment eu le choix », toute infraction préméditée du Bro Code est inexcusable. Quand un Bro enfreint le Bro Code, non seulement il nuit à ses Bros, mais il se nuit également à lui-même car il n'est plus digne d'être un Bro.

Il convient ici de faire remarquer que toutes les doctrines du Bro Code peuvent être discutées en toute confiance avec un autre Bro, et je conseillerais vivement à un Bro de demander la permission à un autre Bro avant de faire quelque chose, ou de faire quelque chose avec quelqu'un, qui enfreindrait ces règles sacrées. Note : le bon moment pour avoir cette permission est quand votre Bro est trop bourré... genre, à la limite de l'évanouissement.

Si et quand une violation se produit, un Bro a le droit d'administrer au Bro incriminé la sanction qui convient à la violation. Il peut la choisir dans la liste des Sanctions Approuvées.

SANCTIONS APPROUVÉES

- Révocation du statut de copilote
- Embargo sur les textos de ses Bros
- Désigné comme celui qui s'occupera des pourboires
- Assigné à la place dans le salon avec une réfraction solaire
- Retrait de la liste des e-mails transférés au contenu peu recommandé
- Torture par l'eau
- Provisoirement mis sur liste noire du football/des barbecues du dimanche
- Perte de la position de passager avant
- Déchu de la top position dans la liste « profite du pass pour la saison »
- Retrait de la liste d'envoi de cartes postales de vacances
- Révocation du privilège d'être récupéré et déposé à l'aéroport
- Doit aider le Bro outragé à déménager des meubles qui pèsent lourd
- Révocation provisoire des parties habituelles de golf à quatre
- Doit rendre les affaires empruntées au Bro outragé… même s'il pense que son Bro ne se souvient pas qu'il les lui a prêtées
- N'a plus le droit d'emprunter le van
- Le Bro outragé n'est plus tenu d'apporter de la bière

GLOSSAIRE

ACM : Assistance ou/et Correction de la Mémoire.

Broccasion : Un événement où figure une bande de Bros.

Brocédure : Une série d'épreuves accomplies par un Bro, mais différente des Jeux Brolympiques.

Brocession : Un convoi de Bros en déplacement, généralement pour aller à une fête.

Brocétie : Blague douteuse entre Bros.

Brochifoumi : Deux mecs qui jouent à pierre, feuille, ciseaux.

Broda : (1) Vers son Bro, un Bro se tourne quand en quête de sagesse il est ; (2) Un tout petit Bro.

Brodiation : Révocation du statut de « Bro ».

Brofession : Le travail d'un Bro.

Broflation : (1) Une augmentation soudaine des attentes des meufs envers le comportement des mecs ; (2) Une augmentation soudaine du nombre de mecs à un événement ou un lieu.

Broïcide : (1) Tuer un Bro ; (2) Doubler un Bro.

Brojo : Le mojo d'un Bro.

Brolifération : Une utilisation excessive du mot « Bro ».

Brollègue : Un Bro sur le lieu de travail.

Bromerta : Faire l'idiot ou rester muet quand une meuf pose des questions sur la vie sexuelle passée d'un autre Bro ou sur l'endroit où il se trouve.

Bromologuer : Arranger un espace pour des Bros.

Bronaculaire : La langue des Bros.

Brorection : Excitation provoquée par une sortie avec ses Bros (par ex. : Ricky a eu une Brorection quand son ami a loué la salle de laser tag du coin pour son anniversaire).

Broscousse : Un acte altruiste reçu ou donné par un Bro.

Brotection : Quand un Bro fournit à un autre Bro un moyen de contraception.

Broto : L'une de ces motos avec le truc side-car.

Browling : Deux Bros au moins qui jouent au bowling.

Fenêtre de la récidive : Suite à une rupture, un laps de temps traître pendant lequel les deux parties sont enclines à recoucher ensemble.

Quid Pro Bro : Rendre la pareille en faisant une faveur à un Bro… Pas ce genre de faveur.

Ratio Bro/Meuf : La répartition des sexes dans un lieu donné.

Sauter sur la grenade : Le procédé par lequel un Bro « se donne à fond pour l'équipe » en discutant avec la copine trop moche d'une meuf sexy.

Tricycle : Deux meufs, un mec.

Trio d'Enfer : Deux mecs, une meuf.

RÉPONSES AU JEU DE « HALLOWEEN »

	Cendrillon cochonne	Pute cochonne	Créature cochonne	Nonne cochonne	21H42	22H56	12H03	2H21	
Viking	X	X	X		X	X		X	21H42
Roosevelt	X		X	X		X	X	X	22H56
Ninja		X	X	X	X		X	X	12H03
Gandhi	X	X		X	X	X	X		2H21
21H42	X		X	X					
22H56		X	X	X					
12H03	X	X	X						
2H21	X	X		X					

how i met your mother
COMMENT JE L'AI RENCONTRÉE
SAISON 4
LES 4 PREMIÈRES SAISONS
DÉJÀ DISPONIBLES EN DVD !
SAISON 2
SAISON 3
ÉGALEMENT
EN COFFRET "INTÉGRALE"
© 2008-2009 Twentieth Century Fox Film Corporation. All Rights Reserved.
© 2010 Twentieth Century Fox Home Entertainment LLC. Tous droits reserves.

Cet ouvrage a été achevé d'imprimer en septembre 2010
sur les presses de Normandie Roto Impression s.a.s.
à Lonrai (Orne)
pour le compte des éditions Florent Massot

Imprimé en France

Première édition, dépôt légal : août 2010
Nouveau tirage, dépôt légal : septembre 2010
N° d'imprimeur : 103513